다시 쓰는
엄마
이력서

다시 쓰는 엄마 이력서

2019년 9월 15일 초판 1쇄 찍음
2019년 9월 25일 초판 1쇄 펴냄

지은이   송지현
펴낸이   이상
펴낸곳   가갸날
주소   경기도 고양시 일산동구 강선로 49 BYC 402호
전화   070.8806.4062
팩스   0303.3443.4062
이메일   gagyapub@naver.com
블로그   blog.naver.com/gagyapub
페이지   www.facebook.com/gagyapub
디자인   강소이

ⓒ 송지현, 2019

ISBN   979-11-87949-39-8(03370)

이 도서의 국립중앙도서관 출판시도서목록(CIP)은 서지정보유통지원시스템 홈페이지
(http://www.nl.go.kr/cip.php)와 국가자료공동목록시스템(http://www.nl.go.kr/kolisnet)에서
이용하실 수 있습니다. (CIP제어번호: CIP2019030868)

다시 쓰는
엄마
이력서

가
갸
날

아이가 태어나는 순간 엄마도 태어납니다. 한 여자는 존재했지 엄마는 아니었습니다. 아이의 탄생과 더불어 엄마라는 이름은 의미를 얻습니다.

저는 두 아이의 엄마입니다. 누구보다 아이를 잘 키우리라 자부했습니다. 누구보다 육아를 잘 해내고 싶었습니다.

하지만 엄마라는 자리는 참 버거운 이름이었습니다. 순간순간 엄마 사표라도 쓰고 싶었습니다.

엄마는 왜 모든 것을 포기하고 아이의 삶을 따라가야 하는지 영혼 없는 눈빛으로 아이와 교감하지 못했습니다. 스스로 '엄마의 길'을 선택했으면서도 사회적으로 '경단녀'가 되는 것이 불안했습니다. 엄마라는 시간을 잘 살고 있는지 회의가 들었습니다.

그런 어느 날 이력서를 다시 쓰는 순간이 있었습니다. 사회에서 잊힐까 두렵기도 하고 다시 멋지게 시작하고 싶기도 했습니다.

이력서를 펼쳤습니다. 2012년 이후 멈춰버린 사회 경력. 이력서 어디에도 오롯이 엄마로만 살아온 시간을 이력으로 채워 넣을 수는 없었습니다.

대신 새로 생긴 가족을 소개해야 했습니다. 가족 관계란에 기재된 부(夫), 자(子) 글자가 주먹만 하게 눈에 들어왔습니다. 가정이 생긴 여자의 현실은 엄마 이전의 사회와 엄마 이후의 사회로 나뉘어 있었습니다.

둘째 아이가 생기는 바람에 사회 복귀를 미뤄야 했던 저는 이제 엄마 10년차입니다. 그동안 '엄마'로 보낸 시간은 어땠을까요.

단단한 엄마가 단단한 육아를 할 수 있고, 지혜로운 엄마가 지혜로운 육아를 할 수 있다는 걸 차츰 깨닫습니다. 아이를 키우면서 부모도 아이에게 배운다는 것을 절실히 느낍니다. 아이와 함께하는 시간은 엄마의 내면경력을 쌓아가는 시간이고 나의 참모습을 발견하는 시간이었습니다.

이 책은 나를 찾는 여행이자, 두 아이와 함께한 육아 이야기입니다. 이 책을 세상에 내놓는 이유는 육아에 의미를 찾지 못하는 엄마들에게 희망을 주고 싶어서입니다. 엄마인 우리는 내 아이를 돌보고 있을 뿐 아니라 더 성장해야 할 자신의 내면을 키우고 있는 것입니다.

훗날 우리는 엄마였던 우리 자신에게 어떤 말을 들려줄 수 있을까요. 나는 엄마라는 삶을 통해 글쓰기를 만났고, 사회로 멋지게 비상하기 위한 준비를 하며 엄마의 시간을 보내고 있습니다.

결혼 전 유치원에서 근무하며 아이들을 먼저 만났습니다. 다시 생각해 보니 이 책은 아이들과 생활해 보았기에 육아를 멋지게 해낼 거라 자만한 엄마의 반성문이자 다짐서입니다.

완벽한 엄마이기를 내려놓으니 내 아이를 위한 온전한 엄마의 길이 보입니다. 아이들이 바라는 것은 완벽한 엄마보다 우리 엄마이면 충분하니까요.

두 아이의 온전한 엄마
송지현 드림

차례

제1장

엄마로
태어나다

아이가 태어나는 순간 여자에서
엄마로 변신한다. 세상에는 내가
부르는 엄마만 있는 것이 아니라,
나의 또 다른 이름 '엄마'도 태어난다.
내가 엄마가 되고 싶었던 이유는
무엇일까? 나의 로망이던
엄마가 되고 나니 그저 여자로만 살던
사회 속의 내가 떠올라 다시 인정받고
싶어졌다. 나의 몸은 집안에 있었지만
나의 마음은 사회로 나가 있었다.

I

낯선 엄마의 탄생

*

거실 베란다 창문으로 저녁 햇살이 들어오고 있었다.

"자기야, 나 아파."

휴대폰을 찾아 신랑에게 전화를 걸었다.

생리통인지 화장실에 가고 싶은 건지 알 수 없는 통증에 이러지도 저러지도 못했다. 남산만 한 배를 양팔로 받치고 거실 바닥에 누워 있었다. 두려움이 밀려왔다. 진통을 처음 겪는 나에겐 혼자 있는 일 분이 한 시간처럼 느껴졌다.

"삑삑삑삐~."

집에 돌아온 신랑의 한 손에는 삼겹살이 들려 있었다. 삼겹살을 먹어야 아기가 순풍 나온다는 지인의 말을 기억하고 사 왔다. 신랑은 고기를 구우며 진통 간격을 체크했다. 고기를 몇 점 받아 먹었다. 진통 간격이 짧아졌다.

'이러다 아기가 나오면 어쩌지?'

초산은 진통이 와도 병원에 가면 가진통이라며 다시 돌려보내는 경우가 많다고 들었다. 하지만 점점 좁혀지는 진통 간격을 보니 진짜 진통 같았다.

차를 타고 신랑과 함께 병원으로 향하였다. 뒷자리에 누워 있던 나는 가슴이 두근거리기 시작했다. 꽃피는 4월이었지만 병원으로 가는 밤길은 차갑고 두려웠다.

병원에 도착하자 의사는 자궁 경부가 4cm쯤 열렸다고 하였다.

"무통 주사를 맞으실래요?"

무통 주사. 책에서 보기로는 전문의와 신중히 상담한 후 결정하라고 했던 것 같다. 한치의 망설임도 없이 고개를 끄덕였다. 통증의 고통에서 어서 벗어나고 싶었다. 주사가 몸 안으로 들어오자 진통은 줄었다.

이제 곧 아이를 만난다는 설렘보다는 아이가 무사히 나올 수 있을지 걱정되었다. 진짜 엄마가 된다는 어색하고 낯선 감정이 스며들었다.

밤사이 설핏 얕은 잠이 들었다. 그때마다 나를 깨우는 소리는 옆방 산모들의 외마디 비명이었다.

"새벽 3시 42분, ○○○ 님 아기 출산하였습니다."

아, 나도 빨리 그 소리를 듣고 싶었다.

다음날, 아침 회진을 돌던 간호사가 갑자기 분주해졌다. 가족 분만실 안으로 여러 가지 장비가 들어왔다. 자궁이 다 열렸으니 이제 본격적으로 힘을 주라 한다.

아픈 건지 안 아픈 건지 생전 처음 겪는 고통을 느꼈다. 힘을 주라고 해서 줬는데 간호사에게 혼만 났다.

"이렇게 힘주면 아이도 산모도 힘들어질 수 있어요!"

도대체 이 산모는 호흡법 하나 배우지 않고 왔냐는 식의 호통이었다. 불안한 마음에다 진통으로 가뜩이나 줄 힘도 없는데 자신감마저 떨어졌다. 신랑은 내 손을 어루만질 뿐 이러지도 저러지도 못하고 있었다.

임신 열 달 동안 나를 진료해 주신 원장님이 들어오신 후에야 안정이 찾아왔다. 부드러운 원장님의 목소리가 들렸다.

"잘하고 있어요. 아기 머리가 보입니다."

잠시 후 나를 엄마로 만들어줄 아이가 세상을 향해 나왔다.

간호사가 초록색 담요에 싸인 아이를 내 가슴에 올려주었다. 그러자 아이는 조그만 입을 움직이며 응애~ 하고 울었다. 지금 생각해 보니 첫 울음이 혹 '엄마'라는 말 아니었을까.

출산 후 내 품에 안겨 있는 아이. 신랑과 함께 우린 세 식구가 되었다.

하나의 생명이 탄생하는 그 장엄한 의미만큼 드라마틱한 상황을 느끼지는 못했다. 그렇지만 홀연 우리 부부는 부모가 되어 있었다.

아이를 낳고 보니 말로 표현할 수 없는 강력한 무언가를 느낄 수 있었다. '우리 엄마도 나를 이렇게 낳으셨구나' 하는 생각이 들었다.

세상의 엄마 모두가 열 달 동안 아이를 뱃속에 품고 어려운 출산 과정을 이겨낸다. 글을 쓸 때면 책을 낸 작가들이 모두 위대해 보인다. 그렇듯이 출산 예정일을 며칠 앞두면 아이를 낳은 모든 엄마가 위대해 보인다. 그렇다. 나는 위대한 엄마다.

'엄마'라는 이름이 나에게 왔다. 낳기만 하면 엄마가 된다고 여겼다.

나는 아무런 준비 없이 엄마가 되었다. 준비해 둔 것이 있다면 귀엽고 아기자기한 출산용품이 전부였다.

아이를 품은 열 달 동안 내가 한 것은 무엇일까? 좋은 음식을 먹는 것도 태교라고 생각했기에 입덧이 끝나자마자 맛있는 음식을 배불리 먹었다. 가장 좋았던 점은 열 달 동안 생리를 하지 않았다는 거다.

낳기만 하면 따라오는 엄마라는 이름을 너무 쉽게 생각했다.

모차르트 클래식 감상, 태교 동화 들려주기, 산에 가서 맑은 공기 마시기, 아빠와 태담 나누기… 임신기간 내내 태아에게 좋다는 것을 열심히 챙긴 지인이 있었다. 그 산모를 보면서도 뱃속 아이보다는 내가 먼저지 하고 생각했다.

좋아하는 음식도, 음악도, 영화도 모두 내 위주였다. 신랑이 가끔씩 아기에게 건네주는 말도 낯간지럽기만 했다. '엄마가 즐거우면 아기도 즐겁다'는 신념으로 산 셈이었다. 그러다가 눈앞에 태어난 아기를 보니 덜컥 겁이 났다.

아기가 뱃속에 있을 때는 엄마이기보다 임신한 여자에 불과했다. 곧 펼쳐질 아이 중심의 삶을 눈치 채지 못하고 어떤 엄마가 될지 계획조차 없던 무지한 엄마였다.

시아버님이 임신 소식을 듣고 책을 한 권 선물해 주셨다. 배우 김희선이 모델인 임신과 출산을 위한 책이었다.

소귀에 경 읽기처럼 김희선의 예쁜 모습만 들어왔다.

'와~ 김희선은 임신을 해도 예쁘네. 배만 나왔지 얼굴은 그대로네.'

태교 여행, 태교 밸리댄스, 태교 발레, 아쿠아로빅 등의 사진을 보며 나와 다른 생활에 이질감을 느꼈다. '연예인은 엄마가 되어도 특별하구나' 하며 책을 덮은 기억이 있다.

아이를 낳기 전까지 나는 아이 기르기에 관심이 없었다. 그저 잘되겠거니 하는 무책임한 엄마였다.

태아를 품는 열 달이라는 시간이 필요한 이유는 무엇일까. 육아 세계에 들어설 엄마 마음 준비 기간이 필요해서임을 이제야 깨닫게 된다.

나는 어떤 엄마가 될까.

내 아이에게 주고 싶은 것은 무엇일까.

2

엄마 본질의 사랑

✳

출산 후 내게 붙여진 '엄마'라는 호칭보다 나는 여전히 내가 부르는 '엄마'가 훨씬 편하다.

엄마가 되고 보니 엄마가 자주 생각난다. 끼니때마다 식사를 준비하며, 설거지를 하며, 빨래를 하며, 환절기 옷 정리를 하며, 집안 청소를 하며, 엄마의 삶을 나는 체험 중이다. 매일 반복되는 일상에서 끝이 보이지 않는 집안일을 하다 보면 다시 엄마가 위대해진다.

어제도 엄마는 집에 밑반찬이 있는지 물어보고 없는 것을 가져다주려 하셨다. 아빠와 함께 부부 해외여행을 떠나면서도 자식한테 신세지지 않으려는 마음으로 여행 안 간다고 거짓말을 하시고는, 여행 중에 딸이 전화해 통화 안되면 걱정할까봐 여행 사실을 털어놓는 귀여운 엄마다.

나의 어린 시절은 경제적으로 풍족하지는 않았지만 부족하지도 않았다. 일가붙이들이 자주 방문하는 큰집이라 엄마는 늘 바빴다. 방학 때 사촌 언니, 오빠 들이 방문하면 엄마는 밥순이가 되었다. 할머니 친구 분들이 마실 오시면 점심을 해드려야 했다.

엄마는 나와 함께하는 시간보다 부엌에 있는 시간이 많았다. 주방에서 들려오는 엄마의 칼질 소리는 멈출 줄을 몰랐고, 맛있는 음식 냄새에 나는 입맛을 다시곤 했다.

아빠는 무척 성실하셨다. 가장으로서 가족의 생계를 위해 최선을 다하셨다. 하지만 술도 성실히 좋아하셨다. 고된 하루를 마치고 약주 한잔 하고 집에 오시는 날이 많았다. 술을 안 드시는 날 찾기가 쉬울 정도였다. 그래서 엄마 아빠는 부부싸움이 잦았고, 그런 밤이면 어린 나도 눈물로 잠을 청해야 했다.

아빠의 술버릇 중 하나는 오빠와 내게 평소 못한 말을 취중진담처럼 하시는 거였다. 그게 아빠의 진심일까? 늘 고민했다. 아마 가깝게 지내지 못한 자식들에게 술기운을 빌려 소통하려고 했던 것이리라.

엄마는 아빠의 이런 마음을 받아들이지 못했다. 혹여 자식들에게 상처가 될까봐 아빠의 행동을 막아주었다. 어린 나는 평소와 달라지는 아빠의 큰 목소리와 눈빛이 무서웠다. 엄마는 아빠의 좋은 모습만 보여주고 싶어했다. 지금 생각하면 우리 엄마도 꽤나 '좋은 엄마 콤플렉스'에 빠져 있었다.

부모님의 싸움으로 집안 분위기는 살얼음판이었다. 다음날 아침, 내 방 책상 위에 놓인 엄마의 편지를 읽었다.

내 딸에게.

언제나 엄마 마음을 잘 알아주는 너에게 미안하고 고맙게 생각한다. 너희들을 속상하게 하여 볼 면목이 없구나.

여태까지 이렇게밖에 살 수 없었던 엄마는 너희들이 소중하고 나의 의지였기에 항상 품고 살았어.

하지만 너희들을 사랑하고 좋아하기에 이 자리가 필요하다고 생각해.

지현아, 정말 고맙고 미안해.

검은 기름옷 입고 일하시는 너희 아빠를 생각하면 그렇게 결심 없이 나 좋은 대로만 살아가는 아빠를 고치려고 하는 엄마가 잘못됐나 봐.

언젠가 네가 엄마한테 한 말이 생각나는구나.

그냥 내버려 두라고 한 말.

내가 너보다 생각이 부족했구나.

너까지 마음 아프게 해서 미안해.

엄마를 용서할 수 있지.

항상 너희들을 생각하는 엄마가.

20년이 지났지만 엄마의 편지는 여전히 그대로 있다.

이 편지를 쓰며 엄마가 얼마나 우셨을지, 딸의 마음을 다잡기 위해 얼마나 강인하게 애쓰셨을지 전해져 왔다. 고이고이 접힌 편지를 읽으며 그때의 엄마도 울고, 어린 지현이도 함께 울었다.

그렇게 엄마는 언젠가부터 말로 하지 못한 마음을 편지에 담으셨다. 다른 사람도 아닌 자식에게 보이기 싫던 모습이었음을 안다. 하지만 엄마가 어린 나에게 용기를 내어 편지로 마음을 전한 이유는 하나였다고 생각한다.

엄마이기에. 내 자식들을 어떤 일이 있어도 잘 키워야 하는 엄마였기에.

엄마의 편지가 없었다면 어땠을까. 그때의 부모님을 이해할 수 있었을까. 엄마의 사랑이 전해지는 것은 엄마의 편지가 증거처럼 남아 있기 때문이다. 엄마의 마음이 나의 가슴에 살아 있다. 엄마 본질의 사랑이 살아 숨쉬고 있다.

글은 변하지 않는다. 어쩌면 편지를 받던 유년시절부터 나는 글의 진심을 믿었는지 모른다.

3

나의 로망은 엄마입니다

*

큰집이었던 우리 집에 집안 행사 때마다 작은엄마가 일을 도우러 오셨다. 막냇삼촌이 유치원 교사 출신인 작은엄마와 결혼을 하셨는데, 작은엄마에게 비친 유치원 교사의 모습이 꽤 매력적으로 다가왔다.

나는 아이들을 좋아했고, 잘 놀아주었고, 적당히 친절하다고 생각했다. 이런 조건이면 유치원 교사가 잘 맞을 것 같았다. 나는 유치원 교사가 될 꿈을 꾸며 유아교육과에 진학하였다.

대학을 졸업하고 '유치원 2급 정교사' 자격을 가진 교사가 되었다.

첫해 담임을 맡은 병아리반 아이들은 다섯 살 친구들이었다. 요즈음의 초임 교사는 부담임으로 1년을 지내다 정식 담임을 맡는 경우가 많다. 내가 근무하던 시절에는 바로 담임교사가 될 수 있었다.

대학을 갓 졸업한 새내기 교사는 열정이 넘쳤다. 반을 배정 받고 새 학기를 준비하는 일이 생각처럼 녹록치 않았다. 아이들이 1년 동안 사용할 자리를 만들어주기 위해 이름표 도안을 찾아 반 아이들의 이름을 넣어 출력하고, 코팅하고, 자리에 붙이는 일, 환경 판을 새로 꾸미는 일, 교실 영역을 구성하고 교구를 챙기는 일, 입학원서를 보며 아이들의 성향을 파악하는 일… 업무는 끝이 없었다.

마치지 못한 일을 집으로 가져온 날이면 엄마는 딸이 안쓰러워 가위질을 도와주셨다. 하지만 마음에 들지 않아 다시 잘라야 하는 경우가 많았다.

아이를 품은 엄마가 열 달 동안 출산을 기다리는 것처럼 아이들과의 첫 만남은 무척이나 떨리고 긴장되었다.

병아리반 아이들은 정말 다양했다. 유치원에서 막내 반이었기에 아이들이 더욱 순수했다. 교실에 오면 너무 신이 나 빙글빙글 돌기만 하던 아이, 점심 먹다가 졸려서 자는 아이, 점심시간에 꼭 '응가 다 했어요' 하는 아이, 감정을 말로 표현하지 않고 손이 먼저 나가는 아이….

무지갯빛 색을 가진 아이들을 끌고 가기엔 선장의 경험이 부족해 배는 늘 산으로 가는 것 같았다. 정신없는 평일을 보내고도 주말이 되면 그새 아이들이 보고 싶었다. 많은 업무로 파김치가 되다시피 하면서도, 예쁜 아이들이 있어 힘든 줄도 모른 채 내일을 맞이할 수 있었다.

'집에 엄마가 계시는 것처럼 유치원에 오면 선생님이 있단다.'

아이들의 수정처럼 빛나는 눈을 보며 교사이자 포근한 엄마가 되어주고 싶었다. 나는 해마다 30명, 25명, 20명의 엄마가 되었다. 엄마라는 이름을 너무도 쉽게 생각했다.

경력이 쌓이며 학급을 운영하는 게 점점 쉬웠다. 나름의 노하우가 생겨 아이들의 반응에 당황하지 않고 대처할 수 있었다. 경력과 노하우는 비례했지만, 열정과 체력은 반비례해짐을 느꼈다.

아이들과의 일과를 마치고 유치원 버스를 타고 하원 지도를 나간 어느 날이었다.

'아, 나도 저기 서 계시는 엄마 하고 싶다. 사랑스러운 아이의 엄마.'

유치원에 다녀오는 아이를 맞이하는 한 엄마가 나의 눈에 들어왔다. 사랑의 눈빛을 가득 담고 아이를 꼭 안아주는 엄마, 나도 그런 엄마가 되고 싶었다.

작은엄마가 사촌 동생을 품에 안아주던 모습, 행복하고 사랑스러워 보이던 엄마의 자리에 나를 놓고 싶었다. 선생님 엄마 말고 진짜 엄마.

그날부터 아이의 엄마가 되는 일은 나의 로망이 되어버렸다.

유치원에서 8년 동안 아이들과 함께한 시간. 그 시간은 내게 여러 아이의 엄마에서 내 아이의 진짜 엄마가 되는 꿈을 꾸게 해 주었다. 내 아이를 키우는 일도 유치원 일과 다름없을 것이라고 여겼다.

사랑하는 마음으로 올바르게 가르치면 된다고, 잘 돌봐주고 사랑해 주면 된다고.

그렇게 나는 엄마가 되기를 꿈꿨다.

4

내가 엄마의 길을 선택한 이유

*

"연락하세요!"

소개팅한 첫날 헤어지면서 들은 그 한마디를 지금도 잊을 수 없다. 내가 그에게 반한 이유이기도 했다. 마음에 들면 남자들은 대개 '연락드릴게요' 하지 않던가.

집에 돌아와 한참을 생각했다. 이 남자, 내가 별로라 생각할 시간을 갖겠다는 건가? 내 판단대로 하라는 건가? 왠지 모를 그의 자신감에 끌렸다.

이런 걸 보고 인연이라 하나 보다. 다음날 나는 그 남자를 소개시켜 준 친구에게 '나 미쳤나 봐' 문자를 남기고 그를 만나러 시외버스를 타고 있었다.

그 남자, 당당함으로 나를 반하게 한 그 남자와 10년째 살고 있다. 그는 '엄마'라는 로망의 문을 함께 열어 주었다.

신랑을 따라 타지에서 신접살림을 차리고 나는 일을 하지 않왔다. 오랜 유치원 생활로 지친 터라 당분간 쉬고 싶었다. 그리고 우리에게 아이가 찾아왔다. 나는 좀 더 당당하게 쉴 수 있었다.

유치원에서는 반 아이들과 하루를 지낸 뒤 꼭 해야 하는 일이 있다. 바로 부모님과의 전화통화다. 결석한 아이, 평소와 다른 행동을 보이는 아이, 몸이 좋지 않았던 아이, 친구와 다툰 아이….
학부모와 전화통화를 하다 보면 아이의 문제가 부모에게 있음을 종종 발견한다. 간혹 부모들은 교사가 바라보는 아이의 문제 상황을 이야기해 드려도 별일 아닌 일로 간과해 버리기도 했다. 유아교육과에서 사람의 일생 중 유아기 발달의 중요성에 대해 충분히 이론으로 배웠기에 내 아이를 직접 키우고 싶은 마음이 컸다.
교사 입장이 아닌 엄마로서 내 아이를 객관적으로 바라본다는 게 얼마나 어려운지 엄마가 되고 나니 이해된다.

'내 아이는 내가 키우자.'
기한 없는 육아를 스스로에게 선언했다.
아이는 가정에서 만들어진다. 변화와 성장의 시작은 가정이다. 교육기관과 연계되어 같은 방향으로 간다면 더할 나위 없겠지만, 중심은 어디까지나 가정이다. 가정에서의 노력 없이 부모가 바라는 아이로 변화하기는 어렵다.

화목한 부부 아래에서 자란 아이는 행복하다지 않는가. 행복을 의심하기보다 확신하는 가정의 울타리를 내 아이에게 만들어 주고 싶었다.

무엇보다 아이가 커가는 모습을 내 마음에 담고 싶었다. 엄마와 지내는 과정과 순간순간이 아이의 가슴에도 새겨지길 바랐다. 출산 후 아이를 직접 키우겠다는 이유, 사회에서 커리어를 쌓지 않고 오직 가정에서 내 아이의 엄마로만 살겠다는 첫 번째 이유였다.

아이를 직접 키우자고 결심한 두 번째 이유는 일과 육아를 병행할 수 없었기 때문이다. 내가 근무하던 때의 사립유치원은 근무여건이 열악했다. 아이들을 위한 사랑과 사명감을 뺀다면 무엇하나 만족할 만한 게 없었다.

근거 없는 자신감도 한몫 했다. 원감으로 올라가는 개인적인 승진, 성공도 아이를 키워놓고 얼마든지 할 수 있다고 여겼다. 사회로 다시 돌아갔을 때 '육아'의 경험이 빼기가 아닌 더하기가 되리라고 믿었다.

다시 그 시절로 돌아간다면 나는 어떤 선택을 하게 될까. 오롯이 엄마의 길을 선택할까.

그것은 단언하기 어렵다. 어떤 결정을 내리든 좀 더 넓은 시선

으로 사회를 바라보고, 우리 가정을 바라보고, 나의 진짜 마음을
바라보고 싶다.

5

다시 일하고 싶다면

＊

주변에 육아 휴직 중인 엄마가 있었다. 공무원인 엄마는 복직을 앞두고 걱정이 앞섰다.

아이를 맡길 데가 없으니 아침 일찍 어린이집에 보내고 정신없이 일을 마치고 돌아와 다시 가정으로 출근해야 한다. 워킹 맘의 현실이 듣기만 해도 머리가 지끈거리면서도 다시 일할 수 있다는 게 부러웠다.

"돌아갈 직장이 있어서 자기는 좋겠다."

"왜~ 자기야말로 마음만 먹으면 언제든지 일할 수 있는 거 아니야?"

그 엄마의 대답에 내 능력을 보여주고 싶었다. 아니 사회에서 인정받고 싶었다.

작은아이가 네 살 때 유치원에 이력서를 낸 적이 있다. 어린이

집에 다니기 시작한 작은아이는 원에 잘 적응했기에, 이제 엄마만 사회로 나가면 된다는 강박에 사로잡혔다. 마침 유치원에서 교사를 채용하는 공고를 보고 이력서를 넣었다.

바로 연락이 와 원장님 면접을 보았다. 학기 중간이었으니 교사를 뽑는 일이 얼마나 급했을까! 사회 경력이 5년이나 단절된 나는 학기 중이라는 점을 장점 삼아 지원했다. 면접을 보고 집에 가려고 하는데 원장님이 교사들을 다 내려오라고 했다.

"우리 유치원에 송지현 선생님을 보내주신 하느님 아버지 감사합니다. 아멘."

15명 정도의 교사들이 업무 중에 내려와 손을 잡고 기도를 드리기 시작했다. 순간 당황스러웠다. 그곳을 직장으로 선택할지 말지 고민할 권리 따위는 나에게 없었다. 절대적인 복종과 권위적인 분위기가 낯설었다.

하지만 '무조건 잘 왔다', '결혼하고 아기까지 있는데 미스 같다'는 말을 모두 긍정으로 받아들였다. 나는 무언가에 홀린 듯했다.

'다시 일하기로 마음먹었으니 한번 해보자. 교사들에게도 모두 소개해 주셨잖아.'

다섯 살짜리 20명이 넘는 아이들이 담임 없이 지낸다고 생각하니 내가 있어야 할 곳이라는 생각이 막중히 들기 시작했다.

동사무소에 가서 필요한 서류를 떼었다. 집에 돌아와 아이들에게 엄마는 이제부터 일을 할 거라고 이야기해 주었다. 곁에 사시는 시부모님께도 "며느리 취직했어요." 당당하게 말씀드렸다.

다음날 첫 출근을 했다. 당시 '메르스 사태'로 휴원이 결정되어 아이들이 며칠 오지 않는 상황이었다.

아이들이 없는 텅 빈 교실에서 다시 교사로서의 나를 만날 수 있었다. 바뀌야 할 사항들을 체크하고 할 일을 기록했다. 할 일이 왜 그리 많이 보이는지….

사회 새내기의 감정으로 돌아가 열정이 타오를 줄 알았다. 아이들이 없는 교실… 오후가 지나니 열정은 점점 사라지기 시작했다.

오랜만에 출근한 아내가 걱정되어 신랑이 문자를 보냈다.

"할 만해? 분위기는 어때?"

"…"

답장을 보내지 못했다.

유치원이 갑자기 낯설게 느껴졌다. 내가 낯선 환경에 적응하는 데 시간이 필요한 사람이라는 것도 잘 알지만, 불현듯 유치원 교사라는 일이 나에게 맞지 않는 옷처럼 느껴졌다.

어서 그곳을 떠나고 싶었다. 솔직히 자신도 없었다. 유치원은 신도시에 우뚝 선 아파트 한가운데 자리하고 있었다. 요즘 젊은 엄마들은 드세다던데…. 나도 젊은 엄마이면서 엄마들을 상대하려니 더럭 겁이 났다.

유치원 선생님들이 무심코 흘리는 말이 예사롭게 들리지 않았다. 지금까지 그만둔 교사가 몇이라고 한다. 몇 년 전까지 주임 선생님으로 불리던 나는 이제 나보다 한참 어린 후배에게 부장 선생님이라고 불러야 하는 상황이었다.

오후 내내 나는 그곳에서 근무하면 안될 이유만 찾고 있었다.

'지금이라도 늦지 않았어. 포기해. 너 어쩌려고 다시 유치원으로 돌아왔니.'

급기야 집에 있을 내 아이들이 생각났다. 유치원과 어린이집에는 잘 다녀왔는지, 간식은 먹었는지, 잘 놀고 있는지, 엄마는 안 찾는지….

그리고 아이들에게 못해 준 기억들만 줄줄이 떠오르기 시작했다. 미안하고 또 미안해졌다.

직장 맘 하루차인 내가 아이들 생각에 허덕이는 모습이 참으로 실망스러웠다. 사회라는 현실 앞에서 자존감도 자신감도 바닥이 났다. 도망치고 싶어졌다.

퇴근하며 원감님께 말씀드렸다.

"죄송하지만 저는 많이 부족한 거 같습니다. ○○반 아이들이 저보다 더 좋은 선생님을 만나는 게 좋을 것 같아요."

어디서 그런 용기가 생겼는지 지금 생각해도 놀랍다. 유치원 입장에선 얼마나 황당했을까. 근무하기로 한 교사가 하루 만에 못 하겠다고 하다니. 다시 생각해도 죄송하고 또 죄송하다.

22명의 아이들을 미처 만나지 않았기에 하루 만에 사회 복귀를 포기할 수 있었을지도 모른다. 새로운 선생님을 향한 아이들의 반짝이는 눈망울을 마주했다면 상황이 180도 달라졌을 수도 있다.

엄마가 되기 전의 사회와 엄마가 되고 난 후의 사회는 달라졌다. 사회가 달라졌다기보다 사회를 보는 나의 시선이 달라졌다는 말이 맞겠다.

전직으로 돌아간다는 것은 내가 여전히 '사회에서 쓸 만해' 혹은 '살아 있어'라는 의미였다. 하지만 나는 엄마라는 이름을 걸치고 있지 않은가. 충분한 준비 없이 불쑥 사회에 나서는 것은 어울리지 않는 화장을 하고, 어울리지 않는 옷을 입고, 맞지 않는 신발을 신는 것이나 마찬가지라는 생각이 들었다. '내가 왜?'라는 물음표가 머릿속에서 떠나지 않았다.

누구도 사회로 나가라고 등 떠밀지 않았는데 왜 내가 여기 있지?

　―사회에서 잊힐 내가 두려웠다.

신랑이 벌어오는 돈으로 먹고 사는 데 지장 없는데, 왜 내 발로 여기를 걸어왔지?

— 나도 우리 가정에서 경제적으로 한몫 한다고 떵떵거리고 싶었다.

육아 경험을 자양분 삼아 엄마 경력 더하기를 증명해 볼 시간도 없이 나는 왜 도망치는 거지?

— 육아와 일을 병행해야 하는 현실이 두려웠다.

사회에 부딪칠 용기도 부족하고 일과 육아를 병행해야 할 현실도 두려웠다. 내가 이력서를 냈던 이유는 사회 경력이 단절되고 있어 불안했기 때문이다. 그리고 인정받고 싶었다.

가정에서 채워지지 않는 무언가를 찾고 싶었다. 후배 교사들이 원감으로 승진하고 잘 나가는 게 부러웠다. 가정에 있으면서도 마음은 바깥 사회에 나가 있었다. 지금 현재에 만족하지 못하고, 아이가 주는 행복을 바로 보지 못하고, 바깥에서 행복을 찾으려 했다.

하지만 이런 것들은 엄마가 된 나를 사회로 나가게 하는 충분한 이유는 되지 못했다. 그리하여 다시 가정으로 돌아오게 되었다. 내 안에서 울리는 진짜 마음을 몰랐던 것이다.

육아로 인한 여성의 경력 단절은 30대가 가장 많다고 한다. 일을 포기하고 전업 맘을 선택한 이유는 아이를 돌보아야 하는 어쩔 수 없는 상황 때문일 것이다. 그래도 결론은 '내 아이 잘 키우기 위해서'일 거다.

나 역시 아이에게 같이 있는 시간을 선물해 주고 싶다고 포장했지만, 내 아이 잘 키우기에 대한 욕심이 없지 않았다. 아이가 내 틀에 맞춰 잘 커 주고 '어떻게 이렇게 아이를 잘 키웠어요?'라는 부러움의 소리를 듣고 싶었는지도 모른다.

'아이=나'라는 공식을 만들어 아이에 대한 주변의 평가에 감정을 이입시키곤 했다. 육아를 경험하며 스스로 설정해 놓은 공식이 잘못된 것임을 차차 깨닫게 되었다.

하루 만에 가정으로 복귀한 나에게 부메랑처럼 돌아온 세 글자는 자존감이었다. 내가 그 정도로 무책임한 사람이었나, 육아라는 현실이 나를 이토록 발목 잡고 있는 건가, 마음을 다잡아야 했다. 우선 조급하게 '인정받으려고 애쓰지 말자'고 결심했다.

그래서 두 아이가 기관에 다니게 되면서 생긴 시간에 맘껏 자유를 누리기로 했다.

'아무것도 안하면 어때. 그동안 아이들 재우고, 먹이고, 밤낮 없이 수유하고, 기저귀 떼고 애썼잖아. 아이를 돌보는 일은 가치 없는 일이 아니었어. 아이들이 사람답게 자라도록 도와준 게 누

군데? 바로 나잖아, 엄마의 자리.'

　아무것도 안했다고 생각하지 말자. 그리고 지금 주어진 시간을
누려보자. 내가 진정으로 원하는 것이 무엇인지.

제2장

육아를
경험하다

육아를 시작하며 좋은 엄마가 되기
위해 고군분투했다. 아이 마음
다치지 않게 감정읽기도 해줘야
하고, 아이가 왜 이런 행동과 말을
하는지 둔감하지 않은 민감한
엄마가 되고 싶었다. 육아를
누구보다 잘 해내려고 어깨에 힘을
팍 주고 있다가 스스로 자책하고
반성하기를 반복했다. 천사 같은
아이들의 까꿍이 시절, 보이지 않을
것 같던 육아의 터널을 빠져나온 뒤
아이들과의 일상을 기록해 본다.

완벽주의 엄마를 소개합니다

＊＊

감정 코치는 어려워

내 아이는 지금 초등학교 2학년이다. 선배 엄마들은 아이가 크려면 아직 멀었다 하지만, 7살인 작은아이에 비하면 많이 자란 것 같다. 큰아이는 동생보다 할 수 있는 것도 훨씬 많기 때문이다. 큰아이를 가끔 다 자란 애 대하듯 하여 늘 갈등이 발생한다.

두 아이가 놀이터에 나갔다가 큰아이만 씩씩거리며 집에 돌아왔다.

"별이는?"

(화가 난 큰아이의 모습을 먼저 아는 체해 주지 못했다.)

"밖에서 무슨 일 있었어?"

"아니~ 별이 때문에 귀찮아 죽겠어. 얼음땡 하는데 자꾸 신경 쓰이게 해."

"그랬어? 친구들이랑 신나게 놀고 싶은데 별이가 신경 쓰인다는 이야기니?"

"어, 뛰어올 때 빨리 안 오면 신경 쓰인단 말야. 늦게 오면 술래 되는데…"(여전히 씩씩거린다.)

(뭐라 말해 줘야 할지 고민이다. 공감하랬는데… 어떻게 공감하지….)

"엄마는 동생이 없어서 보석이의 마음을 잘 모르겠어.

(아이의 마음이 진심으로 공감되지 않았다.)

그런데 동생한테 말도 없이 혼자 들어와 버리면 어떡해.

(감정을 몰라주고 동생의 입장에서 행동을 평가했다.)

보석이가 친구들과 신나게 놀고 싶은데도 별이를 신경 쓰는 건 형으로서 대견스러운데.

(칭찬이 늦었다.)

그런데 네가 생각하는 것만큼 별이가 못 따라오지는 않을 거야. 애기 아니잖아.

(엄마가 결론 내어준다. 이건 아닌 거 같은데….)"

"지난번에도 친구 용석이랑 나갔을 때 뒤따라오다가 다쳤잖아."

아, 그랬었지. 며칠 전 친구와 셋이 나갔다가 작은아이가 넘어져 다친 적이 있다. 그때 큰아이는 자신이 잘 돌보지 못했다는 죄책감이 들었나 보다. 은연중에 '동생을 잘 돌봐라'는 의무감을 주고 있었다.

외동인 신랑과 오빠만 있는 나는 동생이 있는 형의 심리를 잘 헤아리지 못했다. 그래서 "엄마, 아빠는 동생이 없어서 너의 마음을 잘 몰라" 하고 말했는데, 아이 입장에서는 자신의 마음을 이해 받지 못했던 것이다.

"보석이가 동생을 걱정하는 마음을 잘 알아주지 못해 미안해."
"보석이도 밖에서 친구들과 신나게 놀고 싶었는데 마음대로 되지 않아 속상했나 보다."

왜 이런 말은 아이와 대화가 끝나면 생각나는 걸까. 아이와의 상황을 글로 적어보니 대화의 개선점을 찾게 되었다.
동생의 입장에서 말해 주는 것은 형제 사이를 좋게 할 수 없다.
같이 들어오지 않은 동생이 걱정되어도 눈앞에 있는 큰아이에게 먼저 관심을 표현해야 한다.

부모들은 좋은 엄마가 되기 위해 부모 교육을 받고 육아서도 읽는다. 엄마라는 길에서 잘 가르치려면 많이 알아야 한다고 생각한다.
나 역시 아이를 잘 키우기 위해서는 '부모의 가르침'이 최고인 줄 알았다. 하지만 문제는 아이의 마음을 이해하고 공감하기에 앞서 무언가에 쫓기듯이 가르침의 말이 튀어나오는 것이었다.

마음을 이해하는 게 어려워 감정 코칭 교육을 받았다. 교육을 받은 후 아이의 감정을 잘 코치해 줄 수 있는 용기가 생겼다. 하지만 강의의 효력은 하루를 못 간다.

아이의 감정을 공감해 주기가 어려웠던 것은 완벽주의 때문이었다. 완벽주의 엄마는 엄마의 부정적 감정이 아이에게 좋지 않을 거라 생각했다. 될 수 있는 한 부정적인 감정을 아이 앞에서 표현하지 않으려 노력했다. 그러다 보니 감정이 차곡차곡 쌓여 결정적인 순간에 분노로 폭발해 버렸다.

감정에 대한 나의 잘못된 인식이었다. 엄마도 긍정과 부정의 감정이 공존한다는 것을 자연스럽게 표현하는 것이 좋다. 엄마도 사람인데 어찌 다양한 감정을 느끼지 않겠는가.

엄마의 감정 표현을 접하면서 아이도 엄마의 감정을 자연스러운 것으로 인식하게 됨을 알았다. 감정 코칭이 좋다고 하니 감정 코칭 법을 배우고 익혀 적용하는 게 먼저가 아니다. 엄마의 '감정에 대한 인식'이 먼저였다.

아이 마음 다치지 않게

전직이 유치원 교사였으면서도 내 아이와의 생활은 무기력해질 뿐이었다. 유치원에서 만난 아이들이 사랑스러웠던 만큼 내 아이들은 더 사랑스러워야 했다. 하지만 그렇지 못했다. 왜 그랬을까. 이런 감정만으로도 충분히 내 아이들에게 미안하고 죄책감이 들었다.

그냥 내 아이의 엄마면 되는데 좋은 엄마가 되려고 했기 때문이다. 유치원 교사 출신 엄마라는 꼬리표는 내게 더욱 잘하는 엄마가 되어야 한다고 말하는 거 같았다.

아이들과 조금만 놀아도 '역시, 선생님이라 다르네'라는 말을 들었다. 내가 놀고 싶어서, 어린 시절 많이 놀아보지 못한 게 한이 되어 그런 건데 '어떻게 그렇게 잘 놀아줘요?'라는 말이 돌아온다. 그런 말을 들으면 어깨가 우쭐해지는 게 아니라 더 큰 의무감을 느낄 뿐이었다.

아이들과 오후에 집 근처 공원에 갔다. 원형 트랙에서 달리기 경주를 했다. 두 아들이 선수가 되어 달리기를 하고 나는 심판이 되었다. 그러자 다른 아이들이 삼삼오오 모여들어 경기가 커졌다. 이어달리기를 하자는 의견이 나왔고 아이들은 서로 편을 나누어 승부를 겨루었다.

나는 슬쩍 빠져 아이들이 노는 것을 지켜보았다. 아이들 사이에 의견 차이가 나고 충돌이 생겼다. 지켜만 볼 수 없어 중재 역할을 맡았다.

결국, 내가 경기의 심판이 되어 아이들과 놀아주고 있었다. 집으로 돌아가려니 한 엄마가 말했다.

"엄마 입장에서 이렇게 놀아주기가 힘든데 아이들과 함께해주셔서 감사해요."

"아니에요. 아이들이 잘 놀던걸요."

고맙다는 인사가 머쓱해 어색한 미소로 답했다.

내 아이들이 엄마와 같이 노는 것을 원하기도 했지만, 혹시나 다른 아이들과 더 큰 싸움으로 번질까봐 미리 걱정했던 것이다. 아이들 스스로 갈등상황을 해결하는 과정도 필요하다. 그런데 아이들의 방패막을 자처하면서 그것이 옳은 엄마 노릇이라 여겼다.

내 아이가 상처 받지나 않을까 걱정하는 마음이 컸다. 어떤 경우에도 아이의 마음에 상처를 주고 싶지 않았다. 엄마의 지나친 염려가 아이를 의존하는 아이로 만들고 있었다.

둔감한 엄마

유치원에 다녀온 둘째 아이가 친구와 놀고 싶다고 했다. 집에 있던 젤리 6개를 가지고 놀이터로 나갔다. 아들의 친구가 말했다.

"이모, 저 배고파요."

"그래? 젤리 가져왔는데 먹을래?"

친구에게 3개를 나눠주었다. 집에서 먹고 나온 내 아이에게는 한 개만 주었다. 엄마 마음에는 집에서 먹었으니 한 개만 먹으면 될 거라 여겼다. 아이 친구가 젤리를 더 먹고 싶다고 했다.

"이제 두 개 남았네. 별아, 하나씩 나눠 먹자!"

별이는 표정이 살짝 변하며 알았다고 하였다. 그런데 친구와 놀고 싶다던 아이가 신이 나지 않는 모습이었다. 자꾸 겉도는 느낌이 들었다. 친구 엄마와 이야기를 나누면서도 내 시선은 자꾸만 아이에게로 향했다.

"엄마, 나 국수 먹고 싶어."

"어? 갑자기 웬 국수야. 좀 있다가 집에 가서 밥 먹어야지."

별이는 나의 말에 말꼬리를 잡으며 미운 말을 쓰기 시작했다. 아이의 미운 말이 버릇없이 들렸다. 야단을 치자 아이는 삐쳐서 멀리 가버렸다.

무안해진 나는 친구 엄마와 인사를 하고 아이를 집으로 데리고 들어왔다. 들어오다가 실수로 아이 머리를 내 가방으로 치게되었다. 그때부터 아이는 울기 시작했다.

"엄마, 미워~ 나 밥 안 먹어!!"

그때도 나는 아이가 왜 우는지 몰랐다. 머리를 친 것조차 몰랐다. 세게 맞진 않았지만 아이는 서러움이 폭발했다.

"엄마가 가방으로 때린 건 몰랐어. 미안해. 많이 아팠어?"

왜 아이는 미운 말을 썼을까? 왜 아이는 갑자기 국수가 먹고싶다고 했을까? 왜 아이는 친구와 놀고 싶다더니 놀지 않았을까? 분명 이유가 있었다.

그날 저녁 아이들 일기 쓰기 시간에 나도 글을 적어 보았다.

아, 젤리가 6개였으니 별이는 친구에게 3개를 먼저 주면 나머지 3개는 자기 거라는 마음이 있었다. 그런데 결과적으로 친구가 4개를 먹고 자기는 2개를 먹게 되었다. 마음에 내키지 않았지만 별이는 말하지 않았다. 다만 표정으로 말했는데, 엄마는 알아채지 못했다. 마음이 불편해진 아이는 친구와 놀지 않았다. 배고픔을 국수 사달라는 말로 대신했는데, 둔감한 엄마는 아이의 마음을 몰랐다. 결국 아이는 미운 말로 불편한 감정을 쏟아냈던 것이다.

별이는 둔감한 엄마에게 속마음을 말하지 않는 아이였다.

유아교육 교과목 가운데 '유아 관찰'이 있었다. 아이를 대하고 이해하는 데 관찰이 무척 중요하다. 유아 관찰은 한 아이의 상황, 행동, 언어 모든 것을 관찰자의 눈으로 객관화하여 기록한다. 관찰을 통한 글쓰기는 아이를 이해하는 데 큰 도움이 된다.

내 아이를 객관적으로 바라보기는 쉽지 않다. 하지만 엄마가 알고 있는 아이의 성향에 비추어 본다면 아이의 행동이 어디에서 비롯되었는지, 아이 마음을 알 수 있을 것이다.

그날 저녁, 즐겨 보던 이보연 박사의 블로그에서 아래의 글을 보게 되었다.

"대화, 유대감을 쌓는 최고의 방법"

언어는 그 자체만으로도 훌륭한 놀이가 됩니다. 또한 말을 주고받는 것은 정서적 유대감을 쌓는 최고의 방법이기도 합니다. 엄마와 말을 주고받으면서 아이는 지루함을 달래고 엄마에 대한 사랑이 쌓이게 되어 절로 기분이 좋아집니다. 엄마에게도 아이와 대화를 나누는 것은 도움이 됩니다. 아이의 말을 귀담아 들으며 엄마는 민감해집니다. 엄마의 높은 민감성은 아이의 욕구를 보다 잘 이해하고 반응하게 만들어주며, 이를 통해 엄마는 부모로서의 유능감을 느끼게 됩니다. 반면 아이의 말과 행동에 귀 기울이지 못하면 엄마는 "왜?" "왜 그러는데?"라며 아이의 욕구를 이해하지 못하게 되며, 아이를 답답하게 여기고 스스로에 대해서도 무능감을 느끼게 될 수 있습니다.

부모에게서 답답함을 느낀 아이는 짜증이 많아집니다. 둔감한 부모를 둔 자녀에게서 '짜증과 화, 징징거림'이 가장 많이 나타나고 있다는 연구 결과도 있지요.

— 이보연, 〈우리 아이 이럴 땐 어떡하죠?〉

나는 좋은 엄마가 되기 위해 아이가 말하지 않는 진짜 마음까지 헤아려 줘야 하는 완벽한 엄마를 자처하고 있었다. 다시금 내가 아이를 잘 못 키우고 있다는 자책감이 들며 반성과 다짐을 되풀이하였다.

'그래, 나는 둔감한 엄마였어. 이제부터는 민감한 엄마가 되기 위해 노력할거야.'

박사님의 글처럼 민감한 엄마가 부모로서 유능감을 느끼고 아이도 잘 키울 수 있을 것이다. 아이의 마음을 모두 헤아리려 하지 말고 아이의 말을 귀담아 듣자. 그리고 물어보자, 아이의 마음을. 기다리자, 솔직한 자신의 마음을 표현하도록. 아이의 말 속에 마음이 담겨 있고, 아이의 눈에 진심이 숨어 있으니.

사랑을 품고 아이를 마음으로 보면 아이의 진짜 마음이 보인다.

2

아이는 엄마의 욕심으로 자라지 않는다

＊＊

아이를 잘 키우고 싶은 엄마의 마음은 세상 누구나 같다.

나는 아이를 키우는 데 욕심이 없다고 생각했다. 처음에는 그저 건강하게만 자라주었으면 하고 바랐다.

아이가 점점 자라 사회생활을 시작하니 나도 모르게 주변 상황이나 남의 아이와 비교하는 버릇이 생겼다. 엄마 욕심이 커가고 있었다.

아이에게 바라던 엄마 욕심은 독서 욕심, 인성 욕심이었다.

먼저 독서 욕심 이야기다. 나는 책을 좋아하지 않는 엄마였다. 아이를 잘 키우기 위해 부족한 나를 깨닫고 육아서를 보기 시작했다. 육아서의 공통점은 아이가 잘 크려면 초등학교 때까지는 '책이 답이다'였다.

책을 읽게 해줘야 했다. 어떻게 하면 책 읽는 아이로 만들 수 있을까 고민했다. 그 첫 번째 답은 '책 읽는 엄마의 모습 보여주기'였다.

책을 읽으려면 책이 있어야 했다. 책장에 꽂혀 있는 책들은 장식품에 지나지 않았다. 고전과 경제, 과학 책을 좋아하는 신랑이 사둔 책들이었다. 내용이 어렵다고 생각되어 열어볼 엄두가 나지 않았다.

나와 아이들 수준에 맞는 책을 찾기 위해 도서관으로 향했다. 일주일에 한 번, 이 주일에 한 번씩 도서관에 가서 책을 빌려왔다. 물론 아이와 함께 갔다.

아이는 도서관에 도착하자마자 빨리 집에 가자고 성화였고, 책을 빌려본 적이 없던 나는 책 고르는 데만 오랜 시간이 걸렸다. 아이가 읽으면 좋을 것 같은 책을 빌려왔다.

책을 빌렸으니 이제 엄마가 책 읽는 모습을 보여줄 차례였다. 책을 펼쳤다. 재미가 없다. 저자가 무슨 말을 하는지 도통 모르겠다. 난독증인가 의심이 들었다. 졸음이 밀려왔다. 책을 보며 휴대폰을 만지작거리기도 했다.

아이의 행동에도 큰 변화가 없다. 좋은 행동을 유도하기 위해 당근과 채찍을 고루 사용하라는 말에 귀 얇은 엄마는 보상책을 적용해 보았다. 책을 읽는 만큼 스티커를 붙여 용돈을 주기도 하고, 게임 시간을 허락하기도 했다. 그래도 덥석 책을 잡아 읽지 않는 아이가 못마땅했다.

부모교육 강의를 가니 책을 사줄 것을 권했다. '책을 사줘야 책을 읽는다. 내 것으로 인식해야 책과 친해지고 소중히 다룰 수 있다'는 것이다.

책을 사줘야겠다. 한 달에 두 권씩 책을 사주기로 약속하고 아이와 함께 서점에 갔다.

며칠 전 캐릭터 만화책을 구입했으니 오늘은 줄글 책을 사자고 했다. 아이는 흔쾌히 대답하고 서점에 들어갔다. 서점을 쭉 들러본 후 아이가 고른 책은 그 캐릭터 줄글 책이었다.

나는 그 캐릭터가 만화책으로만 있는지 알았다. 사실 내 마음은 그 캐릭터를 접하게 하고 싶지 않았다. 무서운 이야기가 아이의 정서에 해가 될까 걱정되었고, 그 캐릭터와 관련된 부정적인 말들이 많아 신경 쓰였다.

아이는 줄글 책이니 사달라고 했다. 나는 단호하게 평소 보고 싶어 하던 줄글 책 두 권 중에서 하나를 선택하라고 말했다. 아이는 눈물을 흘리며 어쩔 수 없이 둘 중 하나를 선택했다.

집으로 오는 내내 우는 아이가 못마땅했다. 아이 입장에서는 어쨌든 줄글 책을 고른 건데, 엄마가 이야기를 바꾼 셈이 되어 억울하고 서러웠던 모양이다. 집에 도착하여 진정되지 않는 아이에게 감정을 폭발해 버리고 말았다.

"건강하려면 음식을 골고루 먹어야 하듯이 책도 편식하지 않고 다양하게 봐야 영양이 있지!! 매일 부정적인 내용만 보는 거야!! 엄마가 너네 잘 키우려고, 좋은 엄마 되려고, 책 보고 노력하는 거 안 보여! 자식이 안 좋은 거 하는데 그냥 보고 있으면 엄마니!!"

눈빛으로 아이 마음을 때리며 소리치자 아이는 더 크게 울어 버렸다.

이렇게 말해 두고 감정정리가 되지 않아 블로그에 글을 올렸다. 글로 적으며 감정이 가라앉으니 객관적으로 내 마음과 아이 입장이 보이기 시작했다.

엄마의 독서 욕심을 고스란히 아이에게 퍼붓고 있었다.

지금까지 엄마는 무엇을 노력했다고 아이에게 당당하게 말했을까? 가짜 독서를 했던 엄마가 아이에게 어른이라는 권력으로 큰소리칠 수 있는 걸까?

상황 속 아이의 마음은 없다. 엄마가 원하는 대로 되지 않으니 참다 참다 화가 폭발해 버렸다. 아이의 마음은 이미 우주 너머로 건너갔다.

아이가 좋아하는 만화책을 인정하지 않고 부정적인 내용으로 단정해 버리는 엄마와 가까워질 수 있을까?

엄마는 오늘도 반성한다. 독서에 대한 엄마의 잘못된 욕심은 엄마의 바람과는 반대로 책과 멀어지게 만든다는 사실을 알게 되었다.

　두 번째는 인성 욕심이다. 바른 인성을 가진 아이로 자랐으면 좋겠다. 인사 잘하고, 남을 배려하고, 바른말을 사용하면 좋겠다.
　공부만 바라보거나 공부에 큰 욕심을 두지 않던 나는 특별한 욕심이 없는 소박한 엄마인 줄 알았다. 생활 전반에 욕심을 가진 엄마였다는 걸 이제 알게 되었다.
　하지만 아이들이 내 뜻대로 커가는 법은 아니다. 어렸을 때부터 인사를 안했고, 초등학교에 들어가니 입에서 나오는 말 중 반이 부정어였다.
　'인성 쓰레기'라는 말이 있다. 인성이 바르지 않은 사람이나 행동을 말하는 신조어다.
　아이가 초등학교에 입학한 지 얼마 되지 않아 '인성~'이라는 말을 사용했다. 인성 쓰레기에서 쓰레기를 생략한 말 같았다. 무슨 뜻인지 물으니 모른다고 한다. 동생과의 대화에서 말끝에 하는 걸 보니 뉘앙스가 부정의 의미를 품고 있는 걸 아이도 알고 있었다.
　친구들이 사용하는 말을 그대로 듣고 따라 하는 것이었다. 인성의 뜻을 알려주며 바르지 않은 말은 사용하지 않았으면 좋겠다고 했다.

그날 아침, 아이들과 함께 엘리베이터를 탔다. 이웃 할머니께 "안녕하세요?" 억지 미소로 인사를 드렸다. 할머니는 우리 아이들에게 "안녕?" 하고 인사를 건네셨다. 아이들이 인사를 하지 않자 특유의 경상도 사투리로 "인사 좀 해라~" 하시는 게 아닌가!

평소에는 인사를 하지 않던 아이들에게 "부끄럼을 타서 그러지, 뭐" 하시더니, 오늘은 다른 반응을 보이셨다. '인사 좀 해라'는 말이 나에게 '인사하는 것 좀 가르쳐라' 하는 뜻으로 들렸다.

엘리베이터에서 내려 아이들과 이야기를 나눴다. 인사를 하지 않는 이유는 낯설고 할머니와 친하지 않기 때문이란다. 어른들이 답하곤 하던 부끄럽다는 말도 함께 했다. 진짜 부끄러움을 느끼는 걸까, 아니면 어른들의 말로 자신을 부끄럽다고 규정지은 걸까. 유치원으로 가는 길 내내 엄마의 잔소리가 이어졌다. 아이들은 축 처진 어깨로 땅에 쌓인 눈을 바라보며 걸었다.

캐릭터 만화책을 좋아하는 아이가 이왕이면 줄글 책을 줄줄 읽으며 독해력과 문장력을 키웠으면 좋겠고, 어른과 친구들에게 먼저 밝게 인사하고 친구에게 베풀 줄도 아는 아이였음 좋겠다.

엄마 마음에 들지 않을 때 잔소리가 먼저 나와 아이와의 관계만 나빠지고 있었다. 내 욕심들은 어쩌면 잔소리와 훈육으로는 되지 않는 것들이다. 무엇보다 엄마의 본보기가 선행되어야 한다.

아이에게 책 보라고 하기보다 내가 먼저 책을 읽고, 아이에게 인사하라고 하기보다 내가 먼저 이웃에게 인사하고, 아이에게 고운 말을 사용하라고 하기보다 내가 먼저 고운 말을 사용하면 되는 거였다.

만화책 좀 보면 어떤가. 그런 경험을 받아들이는 여유가 나에게는 없었다. 초보 엄마의 시행착오였다. 아, 육아는 자책의 반복일까. 나도 잘 해내고 싶다고!

3

대물림을 합리화시키다

* *

얼마 전 아이가 아프다고 했다.

"엄마, 나 허리가 아파."

"왜 그러지? 얼마나 아픈데? 왜 자꾸 허리가 아플까?"

나는 원인 찾기에만 급급한 채, 요즘 배가 나오더니 살이 쪄서 그렇다, 운동이 부족한 탓이다, 책 보는 자세가 좋지 않다는 등 아이 탓을 늘어놓았다.

그날 저녁 퇴근한 신랑에게 아이가 같은 말을 하자, 신랑이 말했다.

"뜨거운 찜질 팩 해줄까?"

"응."

같은 말에 다른 반응을 보이는 신랑이 신기하고 새로웠다. 난 한 번도 찜질 팩 해줄 생각을 하지 못했다. 신랑이 허리 아파 본 적이 있어서 그 마음을 이해하나? 왜 우리 부부가 이토록 다른 반응을 보이는지 생각해 보았다.

'양육 방식은 자식을 통해 대물림된다'라는 말을 자주 들었다. 아프다는 아이를 향한 내 말 속에는 '걱정'이 숨어 있었다.

친정엄마는 내가 어린 시절 피부병에 걸렸을 때 노심초사하며 걱정하셨다. 병을 고치기 위해 여기저기 용하다는 병원을 함께 찾아다니던 기억이 있다. 지금도 날씨가 조금만 추워지면 감기 걸릴까 싶어 마스크를 꼭 하고 다니라며 전화를 주신다. 그런 엄마를 똑 닮아가나 보다.

아프다는 아이에게 네 탓이야 하고 말하는 꼴이 됐다. 차라리 "아프다니까 엄마가 걱정이야" 하고 말하는 게 나았겠다.

내가 아프다고 생각해 보자. 왜 아프냐고 탓하는 신랑과 약을 사다 주는 신랑이 있다면, 누구에게 아픔을 위로 받을까.

연말에 친정집에 다녀왔다. 친정엄마가 퇴근 전이라 아빠와 술 한잔 하며 이야기를 나누었다.

사진으로 기억하는 할아버지의 삶이 궁금했다. 나를 안고 계신 모습이 무척 나이 들어 보였다.

"할아버지는 몇 살에 돌아가셨어요?"

"환갑 때 돌아가셨다."

내가 두 살 때, 사진 속의 할아버지는 80세도 넘어 보였다. 암으로 투병 중이었기 때문이다.

"아팠는데 집에 계셨어요?"

"병원에 계시다 집으로 왔지. 네 엄마가 애썼다."

할아버지 이야기를 하려다 갑자기 친정엄마의 삶이 그려졌다. 힘든 시집살이였다고 하는 게 맞겠다. 아빠는 장남이었다.

엄마는 할아버지가 돌아가신 다음에도 홀로 되신 할머니를 모셔야 했으며, 고모들의 약혼식을 집에서 치렀다. 고모 한 분은 암 투병 말기를 우리 집에서 보내셨다. 방학 때마다 며칠씩 놀러 오는 사촌들의 밥과 설거지, 빨래를 해대느라 엄마는 눈코 뜰 새가 없었다. 온전히 나를 사랑해 줄 시간과 여유가 없으셨다.

'엄마가 택한 인생이잖아! 누가 대가족에 시집오랬어? 많은 식구 속에서 매일 밥만 차리고 치우고 밥순이로 살면서 내 마음 한 번 진심으로 들여다본 적 있어?'

육아가 힘들고 뜻대로 되지 않는 순간, 나조차 내 마음을 모르는 순간, 벌컥 나를 찾아오는 건 친정엄마를 탓하는 버릇이었다.

'내가 아이에게 사랑 표현을 못하는 건 말로 주는 사랑을 받지 못했기 때문이야.

아이의 눈을 바라보지 않고 말하는 습관은 엄마 역시 나를 바라보지 않고 말했기 때문이야. 엄마가 날 바라보는 눈은 늘 걱정의 눈빛이었어.

다른 친구들처럼 너를 믿는다고 말 좀 해주었으면 얼마나 좋았을까! 내가 그 말을 얼마나 듣고 싶었는데….

내가 받지 못한 걸 내가 어떻게 줘? 사람이 어떻게 변할 수 있겠어. 아이를 사랑으로 대하라는데, 왜 난 안되는 건데? 있는 그대로 사랑해 주는 게 뭔데? 대체 어떻게 해야 하는 건데?'

아이를 키우며 느끼는 죄책감을 엄마 때문이라며 탓하던 못된 딸이었다. 양육 방식은 대물림된다니 괜히 엄마를 탓하고 싶었다. 엄마가 나를 대한 것처럼, 나도 내 아이를 키울 거라고, 키울 수밖에 없다고.

사실 엄마가 나를 어떻게 키웠는지 정확히 나도 모른다. 그러면서 나름의 해석으로 스스로를 더 힘들게 하고 있었다. 엄마를 탓하고 나면 속이 후련해져야 하는데, 마음의 짐은 더 무거워져만 갔다. 내면에 자리한 감정의 찌꺼기를 걸러내야 했다.

만약 우리 아이들이 자라서 엄마가 이렇게 길러줬기 때문이라고 탓하면 어떨까? 잘 키운다고 노력했건만 아이들에게 엄마를 탓하는 습관이 대물림된다면 어떨까? 어서 그만 멈춰야 했다.

친정엄마가 아침에 출근하면서 우리 집에 들렀다 가신다고 연락이 왔다. 가져다 줄 게 있다며 전철역에 내려서 20분 거리를 무거운 카트를 끌고 오셨다. 엄마는 카트 안에서 새로 담은 김치, 무, 멸치조림, 싱싱한 생선, 고구마순 볶음, 과일 등등을 주섬주섬 꺼내셨다.

"뭘 그렇게 많이 갖고 오셨어? 힘들게. 주말에 우리가 가면 되지."

갓 담은 김치를 좋아하는 사위를 위해, 밑반찬 없이 먹을 자식의 식탁이 걱정되어, 외손자들 하나라도 더 먹이려고, 그리고 한 푼이라도 아끼라고 가져오셨다는 거 안다.

엄마는 다음 차를 타기 위해 10분 정도 앉아 있다 가셨다. 엄마를 배웅하며 카트를 끌고 가는 친정엄마의 뒷모습을 보니 눈물이 났다. 주섬주섬 싸온 음식들은 친정엄마만의 사랑의 방식이다. 이렇게밖에 못 키워줬다고 탓하던 딸이 뭐 예쁘다고 이렇게 들렀다 가시는지 죄송하고 또 죄송했다.

세상에서 절대적인 내 편이 있다면 누구일까. 그건 바로 엄마일 거다. 내가 엄마의 삶을 살다 보니 이제야 엄마의 삶이 조금씩 보이기 시작한다. 나는 진심으로 엄마의 삶을 이해해 드리지 못했다. 부르는 엄마와 불리는 엄마가 공존하는 지금이 참 행복하다는 것을 새록새록 느낀다.

엄마를 탓하고 육아방식의 부족함을 합리화하던 내가 부끄러워졌다. 엄마를 이해하고 진심으로 공감해 드리지 못해 죄송하다. 어렵고 힘든 상황 속에서도 이렇게 자랄 수 있게 해주신 엄마께 감사드린다. 친정엄마의 사랑은 충분했다.

내 아이에게 대물림할 것은 부족한 면이 아니라 좋은 모습이어야 한다. 내가 엄마에게 받은 사랑이 부족했다고 여기면 내 아이에게도 부족한 사랑을 주게 된다. 하지만 부족했던 사랑 중에도 감사함을 찾게 되면 아이들에게 함뿍 사랑을 채워줄 수 있다. 우리 시대 부모님의 사랑은 충분했다는 것을 이제야 깨닫는다.

힘든 상황 속에서 사랑으로 길러주신 부모님께 감사하다. 나와 아이를 성장시키는 열쇠는 부모에게 받은 긍정의 대물림과 지금의 나 자신에게 있다.

4

엄마의 하루

* *

어젯밤, 큰아이가 열이 나고 기침이 심했다. 밤새 잠은 잘 잤는데 지난번 아파서 고생한 적이 있어 걱정부터 앞섰다.

8시 30분
아이는 학교 가기 전 병원에 들르고 싶단다.

병원에 다녀와야 아이도 나도 안심이 될 것 같아 둘째까지 데리고 동네 병원에 갔다.

의사는 걱정할 정도는 아니라며 인후염이 있으니 약 먹음 좋아진다 하였다.

약을 먹여 1교시 쉬는 시간에 학교에 들여보내고 작은아이까지 유치원에 보내고 왔다.

10시

화요일에 배우는 수업이 10시 시작인데 버스 타고 환승해 가면 빨라야 11시나 도착이다.

어떡할까? 아침부터 너무 지쳤다. 하루 쉬자. 마음먹고 집에 들어와 소파에 휴~ 하고 누웠다.

그때 바로 울리는 전화벨 소리. 수업을 같이 듣는 선생님이다.

"쌤, 나도 지각했어. 집 근처인데 안 갔음 같이 가자."

살짝 망설이다 벌떡 일어나 가방 챙겨 나갔다.

1시 50분

수업을 마치고 돌아오는 길에 간단히 떡볶이를 먹고 나서는데 빗방울이 뚝뚝 떨어진다.

얼른 집에 들어가 우산을 두 개 챙겨 2시에 끝나는 아이 학교로 향했다.

아픈 아이가 걱정되었다. 학교 앞에서 만난 아이의 표정이 밝았다.

다행이구나. 열 없이 잘 지냈구나. 안심이다.

2시 30분

우산을 들고 둘째 아이 유치원 하원을 기다린다.

버스에서 내린 아이와 요구르트 하나씩 먹으며 태권도 갈 채비를 한다.

3시

두 아이 태권도에 보내고 두 아이 가방을 양쪽 어깨에 메고 잠시 동네 도서관에 들렀다.

사서 선생님은 요즘 새 책이 들어와 도서 정리로 바쁘다.

중간중간 본인 아이들 픽업으로 왔다 갔다 바빠 보였다.

한동안 사서 후임자가 없어 문 닫나 싶던 도서관 봉사를 우리 아이들 또래의 엄마가 자청해서 하시는 게 감사했다. 도서 라벨 작업을 잠시 도왔다.

4시

태권도 끝난 아이 픽업하러 간다.

화요일마다 동화구연 수업을 듣는 둘째 아이의 허기짐을 달래기 위해 후닥닥 보이는 대로 간식을 챙겨 나갔다.

4시 10분

아이를 도서관 수업에 보내고 다시 집에 들어왔다.

피곤한 몸을 소파에 늘어뜨린다.

잠시 눈을 감았다.

너무 피곤하니 오히려 잠이 오지 않는다.

4시 45분

아이를 데리러 나갈 시간.

수업이 끝나고 만난 아이는 친구와 놀이터에서 30분만 놀기로 했다.

놀이터에 영혼 없이 앉아 있다가 집으로 들어왔다.

5시 30분

돌아온 집에 쌓여 있는 설거지, 개야 할 옷들… 집안일이 눈에 들어온다.

털썩 바닥에 주저앉았다.

정말 아무 것도 못하겠더라.

노는 아이들 멍하니 바라보고 있었다.

카톡 소리에 정신이 들어 확인하니 좀 늦는다는 신랑이다.

저녁 우리끼리 간단히 해결하자.

며칠 전의 새우볶음밥이 생각나 설거지 마치고 찬밥으로 볶음밥을 했다.

재료들이 내 맘처럼 프라이팬 밖으로 탈출한다.

대충 한 볶음밥에 방울토마토를 데코하니 와~~ 하고 소리 지르며 맛있게 두 그릇을 뚝딱한 아이들.

이럴 때 참 예쁘다. 내 맘에 쏙 든다.

7시

나도 한술 뜨고 오, 괜찮네 하는데, 신랑이 밥 안 먹고 출발하신단다.

집에 밥이 없었다.

신랑을 위해 밥 해, 말아? 하다 톡으로 한번 떠본다.

"아침에 남은 김칫국에 소면 넣어서 어때?"

"아니, 그냥 있는 거. 밥."

신랑에게 밥이 없다는 말이 하기 싫었다.

이상하게도 살림하는 여자의 자존심처럼.

후딱 쌀 씻어 압력밥솥에 넣고, 미역 줄기 볶고, 해물 경단을 에어프라이어에 돌렸다.

집에 온 서방에게 차려준다.

7시 30분

작은아이가 아빠에게 나가자고 조를 게 싫어 밥 차려주고 애들 데리고 나갔다.

배드민턴에서 야구로 바뀌는 아이들 놀이를 보면서 다시 영혼이 가출한다.

8시

땀인지 물인지 모르는 아이들 몰골에 목욕을 재촉한다.

엄마도 퇴근하고 싶다.

저녁을 먹고 신랑은 설거지한다. 눈치는 있다.

9시

애들 목욕 돕고 누웠다. 뻗었다.

침대와 내 몸이 접착된 느낌.

일어날 수가 없다.

그 와중에 일기 쓰라고 한마디 던진다.

갑자기 으슬으슬 춥다.

이불을 덮고 얼굴만 쏘옥 내밀었다.

눈물이 핑 돈다.

웬일인지 생각할 겨를도 없이 주르륵 흐른다.

내일이 한 달 중 그날이라 평소보다 피곤했구나. 알아차린다.

그럼에도 불구하고, 엄마의 하루가 오늘 따라 서글프다.

하루를 마치고 담담하게 써 내려간 블로그 일기다.

이웃들의 댓글은 이러했다.

수고 많았어요.

자신을 토닥토닥해 주세요.

백 퍼 공감입니다.

슈퍼우먼 여기도 있네요.

같은 엄마이기에 공감하고 위로해 줄 수 있었다. 블로그에 용기 내어 마음을 써내려간 이유는 '괜찮다', '수고했다'라는 위로의 말을 듣고 싶었기 때문이다.

엄마인 당신의 하루는 어땠는가? 내 아이가 완벽하게 예뻐 보이고, 내 말 잘 듣고, 선생님께 칭찬 받고 오면 하루의 피로와 노곤함이 사라지는가. 엄마가 슈퍼우먼처럼 모든 것을 완벽하게 해냈다면 충만한 행복감으로 잠자리에 들 수 있을까.

하루 중 나를 위한 시간은 낮에 수업 들으러 간 시간뿐이다. 귀가한 아이들을 위해 오전의 피로까지 테트리스처럼 쌓아가며 움직이고 있었다. 아이의 가방을 들어다 주는 어깨가 되고, 아이의 허기짐을 달래려 간식을 챙겨다 주는 매점이 되고, 신랑의 마음까지 미리 걱정하고 염려하는 나는 착한 엄마, 착한 아내 콤플렉스에 빠져 있었다.

신랑이 밥 없다고 야단친 적도 없다. 밥이 없다고 짜증 낼까봐 살림하는 여자의 자존심이라고 했다. 아이들이 가방을 집에 갖다 달라고 한 적도 없다. 내가 자초한 모든 일로 하루를 피곤해하고 서글퍼하고 있었다.

2018년 여름 어느 날, 두 아이 엄마의 하루가 이렇게 지나간다. 내일이 오면 별일 없다는 듯이 지나갈 엄마의 하루는 흐르는 물처럼 흘러간다.

5

내 아이 첫 교육기관에 보낼 때

＊＊

"우리 ○○이 어디로 보낼지 고민이야."

지인들이 아이를 기관에 보낼 즈음 이야기를 꺼낸다. 어디가 좋은지, 기관을 보낼 때 무엇을 봐야 하는지, 엄마들은 궁금하다. 무척 중요한 일이기도 하다.

나의 경우 큰아이를 네 살 때부터 초등학교 들어가기 전까지 네 군데 교육기관에 보냈다. 그렇다. 나는 겉으로 내색하지만 않았지 엄청난 극성엄마였다.

엄마 입장에서

애착의 결정적 시기, 만 3년의 신봉자였던 나는 그때까지 되도록 아이를 집에 데리고 있으려고 했다. 게다가 일을 하지 않고 있었으니 아이를 기관에 맡길 이유가 없기도 하였다.

큰아이가 25개월 되었을 때 계획하지 않던 둘째 아이가 태어났다. 동생을 본 아이의 입장은 남편이 다른 여자를 데리고 온 느낌이나 매한가지라던가. 아이에게 그만큼의 충격이라는 것이다.

혼자 놀고 있는 아이가 안쓰러웠다. 주변에서도 기관에 왜 안 보내느냐고 성화였다. 방치시키기보다 어린이집에 보내 친구를 만나게 해주어야겠다고 생각했다.

두 아이의 육아에 지쳐가고 있을 때이기도 했다. 그래서 처음 보내는 기관은 집처럼 편안한 분위기인 가정 어린이집으로 결정했다.

등원하는 아침마다 아이가 울기 시작했다. 다행히 원장님과 선생님들은 사랑이 가득한 분들이었지만 엄마는 색안경을 끼고 볼 수밖에 없었다. 그야말로 편하지 않은 엄마였다.

가정 어린이집은 한 살에서 네 살까지의 영아 전담 보육기관이다. 네 살이 지나면 졸업해야 했다.

아이가 어린이집을 졸업하기 며칠 전 우리 가족은 학군이 좋은 지역으로 이사를 하게 되었다. 3월부터 새 학기가 시작되니 2월 말에 이사를 계획하고 새로 다닐 유치원을 알아보았다.

유치원에 근무하는 지인에게 부탁해 그 지역에서 어디가 좋은 유치원인지 수소문하고, 유치원 설명회도 가보았다. 그 중 마음에 드는 유치원이 있었지만, 추첨에서 떨어졌다. 하는 수 없이 들어갈 자리가 있는 집 앞 유치원에 입학을 시켰다.

탐탁지 않았던 마음이 끝까지 남아 결국 아이가 여섯 살 때 추첨에서 떨어진 원에 다시 도전하였다. 예민한 엄마의 간절함이 닿았는지 이번에는 입학할 수 있었다. 초등학교 입학 전까지 2년 동안 아이를 그곳에 보낼 생각이었다.

그런데 갑작스러운 신랑의 이직으로 우리 가족은 이사를 했다. 아이가 일곱 살 때 여름 무렵이었다. 반 학기밖에 남지 않았으니 집에서 데리고 있을까 고민도 했다. 하지만 2학기를 원에서 잘 마무리하고 초등학교에 입학하기 전에 친구들과 친해졌으면 하는 마음에 다시 유치원에 보냈다. 마침 이사한 집 근처의 유치원에 자리가 있어 아이를 받아주었다. 아이는 대견하게도 새로운 기관에 잘 다녀주었다.

아이 입장에서

엄마 뱃속에 축구공 같은 게 있는데 거기에 동생이 있다고 한다. 어느 날 엄마는 배가 아파 동생이 나올 것 같다며 아빠와 병원에 갔다. 나는 할머니와 함께 집에 있었는데 무척 궁금했다.

다음날 동생을 만나러 병원에 갔다. 이상했다. 젖병에 우유를 먹는데 나도 먹고 싶었다. 아직 말을 잘 못했던 나는 젖병을 가리키며 "이거 이거" 하니 할머니가 매실같이 달콤한 것을 한 잔 주셨다.

엄마와 동생이 집으로 오고 엄마는 달라졌다. 매일 동생만 바라보고 웃는다. 난 귀여운지 모르겠는데 엄마는 "귀엽지?" 한다. 동생을 바라보았다. 동생이 모빌만 보고 있어도 엄마는 웃는다.

나도 동생처럼 해보고 싶어 동생 옆에 누웠다. 그러자 엄마는 웃으며 사진을 찍는다. 내가 혼자 할 때는 아무 반응이 없다가 동생 옆에서 뭔가 하면 예쁘다고 사진을 찍는다. 한 번은 동생 얼굴을 찔러 봤는데 엄마한테 혼났다. 애기 다친다고. 나는 그냥 궁금해서 해본 건데.

나하고만 자던 엄마가 이제는 동생하고 같이 잔다. 동생만 바라보며 웃고, 안아주고, 동생 곁에서 한시도 떨어지지 않는다. 동생이 뱃속에 있을 때가 더 좋았다.

엄마가 어린이집에 가란다. 아침마다 나도 모르게 눈물이 난다. 엄마랑 헤어지는 순간이 싫다. 유치원 차에 타니 나는 계속 눈물이 나는데, 엄마는 동생이랑 웃으며 손을 흔든다.

유치원에 겨우 적응할 만하니 엄마는 다른 유치원에 다니라고 한다. 오늘은 엄마랑 같이 유치원에 왔지만, 내일부터는 혼자 다녀야 한다. 휴~ 걱정이다. 난 자꾸 눈물이 나는데 엄마는 괜찮다고 한다.

동생은 좋겠다. 엄마랑 같이 있어서.

아이와 나누던 대화와 행동을 헤아려 아이 입장이 되어 보았다. 그때는 엄마인 나도 참 어렸다. 큰아이의 마음을 잘 이해하지 못했다.

아침마다 눈물 바람을 하고 가는 아이를 보며 시간이 약이라고 덤덤히 생각했다. 다른 엄마들은 "잘 다녀오면 사탕 사줄게"라는 말을 하지만, 그것조차 버릇이 될까봐 하지 않던 고지식한 엄마였다.

육아는 아이에게 화내고 후회하고 반성하는 순환의 반복이라고 한다. 무엇보다 아이에게 해마다 기관을 바꾸어준 것이 현명한 선택이었을지 되돌아보게 된다. 낯선 곳에 적응하기까지 시간이 걸리는 아이의 성향을 무시한 채 엄마 욕심이 앞섰다. 중요한 것은 내가 아니라 교육기관에 다니는 아이인데도.

어떤 어린이집, 어떤 유치원에 보내느냐의 첫 번째 기준은 아이의 행복이다. 아이가 행복하기 위해 무엇이 중요한지 엄마의 선택이 필요하다. 아이의 자율성과 창의성이 중요한지, 다양한 체험이 중요한지, 숫자와 한글 교육을 어느 정도 해주는 곳이 좋은

지, 교육비가 중요한지… 엄마 자신이 아이를 원에 보내는 이유와 아이의 행복조건을 분명히 해두면 좋을 것이다. 엄마 만족이 아니라 아이 행복이 우선이다.

유치원은 엄마가 다니는 게 아니다. 옆집 엄마가 다니는 게 아니다. 주변 입소문은 참고사항일 뿐이다. 선택의 중심에 아이를 두어야 한다.

기관 선택의 두 번째 기준은 내 아이 잘 이해하기다. 나 역시 내 아이를 참 몰랐다. 유치원에 근무하며 아이들을 많이 만나봤어도 내 마음은 늘 바깥을 향해 있었다. 외부에 시선을 두고 다른 아이만큼 잘 먹고 잘 자라면 된다고 생각했다.

규칙적으로 일정한 시간을 보낸 아이들은 원에 소속감을 느끼고 안정감을 갖는다. 이 기간을 적응기간이라고 한다. 적응기간에 엄마가 관심을 갖고 지켜보는 자세가 필요하다. 적응시간이 아이마다 다르다는 것을 학부모님들께 입이 닳도록 이야기했건만, 정작 내 아이의 적응은 기다려줄 줄도 너그럽지도 못했다.

내 아이는 처음 가보는 키즈 카페에 가서도 꼭 엄마와 함께 다니길 원했다. 낯선 곳이 불안해서 엄마 손을 잡고 안정을 찾으려고 노력했다. 다른 아이와 다름을 인정하지 못하고, '나도 다른 엄마들이랑 마음 편히 이야기 좀 하고 싶다. 다른 애들처럼 가서 놀았으면' 하는 마음으로 마지못해 아이와 놀아주었다.

새로운 교육기관에 보내고 엄마가 할 일은 '믿어주기'다. 아이는 새로운 환경이 낯설고 어색하다. 자신이 잘할 수 있을지 스스로도 의심스러운데 자신이 믿고 의지하는 엄마마저 걱정의 눈으로 바라본다면 어떨까.

내 아이가 잘 적응할 거란 믿음을 가져야 한다. 아이에게 믿음의 눈빛을 보내는 일, 적응 기간이 힘들 아이와 교사들에게 '감사'의 말을 건네는 일이 절실하다.

6

완벽한 아이, 완벽한 엄마

✳✳

아이의 자신감을 키워주기 위해 어른들은 칭찬을 많이 해주라고 한다. 나 역시 자라면서 칭찬에 목이 말랐기에 그 말의 의미를 잘 이해한다. 칭찬은 고래도 춤추게 한다지 않는가. 우리 아이에게도 그 같은 힘을 주고 싶었다.

한편에서는 잘못된 칭찬은 오히려 독이 된다는 말이 등장한다. 내 아이의 경험담을 소개한다.

아이가 유치원에 다닐 때의 일이다. 원에서 동화를 읽고 환경을 보호하는 방법을 그림으로 표현하는 그리기 대회가 열렸다. 그 대회에서 아이가 대상을 타서 집에 왔다.

상장을 보여주는 아들에게 말했다.

"우와~ 대상이네!!! 잘했다~~. 어떤 그림을 그렸는데 대상까지 탔지? 근데 보석이만 대상 받은 거야? 다른 아이들도 받은 거야?"

모두가 대상은 아닌지 의심스러웠다. 내 아이의 그림 실력이 대상감은 아니라는 생각이 들었기 때문이다.

그래도 잘했다, 대견하다, 기특하다는 마음을 전해 주고 싶었는데 왠지 칭찬이 부족하게 느껴졌다. 아이가 엄마의 반응에 무덤덤했기 때문이다. 아이의 기분을 더 올려주고 싶은 마음에 아버님께 상장 사진을 찍어 휴대폰으로 전송해 드렸다. 시아버님은 아이와 통화하며 잘했다는 말씀을 아끼지 않으셨다.

며칠 뒤 시댁을 방문하니 아버님 침대 위에 출력한 아이의 상장이 붙어 있었다. 이렇게나 자랑스러우셨나 싶었다. 그날부터 아버님은 아이에게 "대상 탄 우리 손주~"라는 말을 붙이셨다. 좀 오버하신다는 생각이 들었다. 하지만 어린 시절 칭찬 받기에 인색했던 나는 과잉 칭찬이라도 아이의 자신감 향상에 도움이 될 거라고 믿었다.

그런데 얼마 후부터 잘못된 칭찬에 대한 부작용이 나타나기 시작했다. 아이는 그림 그리기든 다른 무엇이든 간에 자신이 잘할 수 있는 것에만 도전했다. 잘해야 한다는 강박관념이 생긴 듯했다.

아이가 여섯 살 때 스스로 한글을 깨쳤다. 유치원에서 언어 교구로 한글을 접하고 무슨 글자냐며 관심을 보이기 시작했다. 나는 집안 사물 곳곳에 이름을 적어 붙여놓았다. 그리고 늘 하던 대로 자주 책을 읽어주었다.

어느 날부터인가 아이가 글을 읽기 시작하였다. 첫 아이인지라 너무 신기했다. 그 신기한 느낌을 적어 아이에게 편지를 썼다. 아이의 장점 열 가지를 적어 벽에 붙여두기도 했다.

지인에게 전화를 걸어 "우리 아이는 내가 가르쳐주지 않았는데도 신기하게 한글을 알았어"라고 말했다. 아이가 들으라고 의도적으로 칭찬의 말을 하곤 했다. 하지만 아이는 '나는 무엇이든 조금만 해도 할 수 있어. 난 대단해'라는 마음을 갖게 되었다.

아이는 새로운 것을 시도하면서 잘할 것 같은데 실패를 경험하며 혼란을 느꼈다. 분명 엄마는 자신이 조금만 무엇을 해도 잘한다고 했는데 벽에 부딪치곤 했던 것이다. 큰 상을 타야 하고, 좋은 점수를 받아야 하는데, 그렇게 되지 않는 현실을 느끼며 자존감이 낮아지고 있었다.

얼마 전 책상 위를 정리하다 아이가 적은 독서 노트를 보았다. 책을 읽고 책 제목, 지은이, 자신의 느낌을 한 줄 정도 기록한 노트였다. 책 제목과 생각을 아이의 글 그대로 옮겨본다.

키다리 씨- 나도 키다리가 되면

빨라 씨-나도 빨라

힘세 씨-나도 힘세

꽈당 씨-나도 실수를 안하면 좋겠다

용감 씨-나도 용감하면 좋겠다

부끄럼 양-나도 부끄럼을 안 타고 싶다

행복 씨-나도 행복 씨처럼 행복해 보고 싶다

얼핏 보면 제목만 따와 빨리 끝내려는 마음으로 대충 쓴 글 같았다. 어쩌면 1학년 아이에게 이 같은 느낌은 보통 또래 수준일 수도 있을 것이다. 하지만 아이가 완벽해지기 위해 마음 쓰며 사는 건 아닌가 하는 생각이 들었다.

실수에 대한 부끄러움과 부정의 감정이 강하다고 느껴졌다. 가슴이 아팠던 것은 '행복 씨처럼 행복해 보고 싶다'라는 말이었다. 지금까지 행복을 느껴본 적이 없다는 말인가? 무엇이 잘못인지 나를 돌아보게 했다.

잘못된 칭찬 때문에 완벽함을 바라는 아이로 자라고 있구나! 예전에는 '칭찬은 고래도 춤추게 한다'며 칭찬의 긍정적인 측면을 강조했지만, 요즘은 잘못된 칭찬에 대한 경계와 제대로 된 칭찬이 중요하다는 주장이 많이 등장하고 있다.

자신 있었다. 유아 교육자였던 만큼 칭찬이 중요하다는 것도 알고, 아이의 과정을 칭찬하며 키울 자신이 있었다. 하지만 내 아이 육아에는 잘못된 칭찬이 자리 잡고 있었다.

과정 칭찬에 익숙해지려면 배워야 한다. 의도적인 노력과 연습도 필요하다. 완벽한 엄마이길 자처하고 배우기까지 했지만, 실행이 늘 어려웠다. 어쩌면 제대로 배우지 못하고 겉으로만 하는 척, 아는 척했는지 모른다.

최민준 작가의 〈아들 때문에 미쳐버릴 것 같은 엄마들에게〉는 이렇게 말한다.

과도한 칭찬을 받으면 자신의 미숙함을 숨기고 싶어 한다.
이것은 아이와 어른 모두가 갖는 자연스러운 마음이다.

최고가 되지 못하는 자신의 존재를 부정하는 아이로 키우고 있는 건 아닌지 반성해 보았다. 아이가 받아쓰기에서 백 점을 맞지 못해 축 처진 어깨로 돌아오는 날, 어떤 말을 해줘야 할까? 아이 마음을 위로하려고 했던 말이 "엄마는 백 점 안 맞아도 된다고 했잖아. 엄마는 점수 하나도 안 중요해~"였다.

아이의 진짜 마음을 바라보는 일이 부족한 엄마는 여전히 엄마 마음만 말하고 있었다.

나도 무엇이든 잘하는 엄마이고 싶다. 엄마는 무엇이든 아이 앞에서만은 만능이어야 한다고 착각했다. 이런 나의 속마음을 아이가 훤히 보고 있는 것만 같다.

육아는 성과가 눈앞에 보이는 일이 아니다. 유치원에서처럼 아이들을 일 년 후 졸업시키는 것도 아니다.

평생 함께 성장하는 일에 엄마의 완벽함을 앞세우니 지쳐간다. 그리고 알아차린다. 세상에 완벽한 엄마는 없으며 완벽한 아이도 없다. 서툰 엄마가 있고 서툰 아이가 있다.

서툰 아이의 모습 그대로를 인정하는 엄마임을 연습해 본다.

7

우리 엄마와 내 아이 사이에서

**

아이를 통해 나를 보다

청주동물원에서 해마다 그림 그리기 대회가 열린다. 우리 가족
은 그리기 대회에 참가하기로 했다. 개천절이었지만 나는 오후에
서울에서 중요한 약속이 있었다. 두 아이와 신랑만 보내려고 했
는데 1시에는 돌아올 수 있다는 신랑의 말에 아침부터 부지런히
준비하고 나섰다.

동물원에 도착해 동물을 둘러보고 아이들은 그림을 그리기 시
작했다. 전날 대략 스케치를 해본 큰아이는 서슴없이 그림을 그
리기 시작했다. 작은아이는 그리고 싶던 동물이 따로 있었지만
평소에 그리던 강아지 인형을 그렸다. 그리고 지우기를 반복하더
니, 급기야 동물을 구경하고 오자며 자꾸 딴청을 부렸다.

1시에는 출발해야 하는데 서두르지 않는 아이를 보니 답답했

다. 사실 별이의 모습은 어린 시절의 나를 닮았다.

　나는 그리기가 무척 싫었다. 초등학교 6년, 중학교 3년 일 주일에 한두 번씩 있던 미술 시간에 쥐구멍이 있다면 숨고 싶었다. 그림을 못 그려서였다. 트라우마가 남을 정도의 상처를 받은 기억은 없지만, 남과 비교하면서 스스로 느낀 감정이다.

　이런 내가 전직이 유치원 교사였다고 하니 어딜 가도 그림이 들어가는 활동이 있으면 색연필을 내 앞에 가져다주었다. 못한다는 말을 하기도 창피해서 결국 억지 그림을 그리게 되었다. 완성된 그림은 내 마음에 들지 않았고, 자연히 조원들의 반응에 민감할 수밖에 없었다.

　이런 나를 우리 아들이 닮았다. 지우기를 반복하던 아들은 결국 그림을 완성하여 제출했다. 칭찬해 주었지만 아이는 만족스럽지 않은 얼굴이었다.

　어린 시절의 내가 오버랩되며 이럴 때 어떻게 말해 주면 좋을지 생각해 보았다. 그때의 나는 어떤 말을 들었다면 기분이 좋았을까. 외부의 말에 의해서가 아닌 어릴 때부터 스스로 마음을 지키는 아이로 자라도록 돕고 싶다.

　나부터 이런 마음을 갖기 시작하자 문득 그림에 자신 없어 하는 아이의 모습이 미래의 모습으로 이어지지 않을 수도 있겠다는 희망을 갖게 되었다. 그림에 자신이 없는 아이들의 특징은 누군가에게 그려달라고 한다. 내 아이도 한동안 나한테 그려달라고 했다. 나는 잘 그려주지 않았다.

대신 아이는 형의 그림을 관찰하고 따라 그리기 시작했다. 그려 달라고 하지 않고 형을 모방하는 아이의 시도가 대견했다. 지금은 부끄럽고 자신 없어도 스스로를 변화시킬 어떤 계기가 반드시 찾아올 것이라는 마음, 그리고 엄마인 내가 아이 현재의 모습이 전부가 아닐 거라고 아이의 가능성을 믿는 마음을 발견했다.

엄마를 통해 나를 보다

내가 처음에 엄마라는 이름이 낯설었듯이, 우리 엄마도 오빠와 나를 낳고 엄마 역할이 몹시 낯설었을 것이다.

흔히들 우리 엄마 세대를 가리켜 시대를 잘못 타고 났다고 한다. 엄마 하면 떠오르는 단어는 희생이다. 엄마는 40년간 철저히 며느리, 엄마, 아내의 이름으로 살았다. 엄마 자신의 '나'는 없었다.

친정엄마가 힘든 삶을 이겨낼 수 있었던 것은 다른 많은 어떤 역할보다도 바로 엄마였기 때문이다. 엄마의 자리에서 온 가족을 위해 헌신했건만 누구도 고생했다는 따듯한 말 한마디 건네지 않았다.

엄마는 할머니 살아생전에 할머니에게서 '같이 사느라 고생했다'는 한마디를 듣고 싶어 하셨다. 하지만 할머니는 마지막까지 '나도 개랑 사느라 고생했다'는 말을 남기셨다. 희생 속에서 미운 정도 사랑으로 남았는지 할머니를 하늘로 보내드리는 날, 할머니의 영정사진이 집안을 둘러보실 때 엄마는 그렇게도 많이 우셨다.

누구도 해주지 않은 고생했다는 말을 이제 누구에게 들어야 할까. 아빠도 마찬가지였다. 내가 "아빠도 고생 많으셨어요" 하면 자신의 고생은 인정하지 않으신다.

엄마도 아빠도 우리 세대의 부모님은 스스로를 인정하는 법을 모른다. 삶이 그렇게 만든 걸까.

나는 엄마처럼 살고 싶지 않았다. 아빠 같은 남자와 결혼하고 싶지도 않았다. 엄마도 아빠도 나의 눈으로 보았을 때 행복해 보이지 않았다.

우리 엄마도 우리 아빠도 누구보다 행복하고 싶었을 거다. 소확행이라는 말이 나올 정도로 요즘의 우리는 일상에서 작은 행복을 찾으며 살아간다. 부모님도 이런 말이 오가는 시대에 사셨다면 좀 더 행복을 가까이에서 느끼며 사셨을 것이다.

우리 아이들이 못난 나의 모습을 닮지 않았으면 싶다. 우리 엄마도 이런 마음이셨을까.

나는 엄마처럼 살고 싶지 않았다. 우리 아이가 나처럼 살고 싶지 않다고 하면 어떤 마음일까.

엄마 아빠의 자녀이자, 내 아이들의 엄마인 나는 그 사이에서 가끔 혼란스럽다. 조금 더 자라야 진정한 어른이 되는 걸까.

8

나 지금 엄마로 잘 살고 있나

＊＊

새벽에 일어나 글을 쓰고 있는데 큰아이가 일어났다. "가슴이 답답해"라는 말에 공기청정기를 돌리고 배즙을 따뜻하게 데워 먹였다. 며칠 전부터 감기 기운이 있던 아이에게 천식 증세가 왔다. 아침밥을 먹다가 아이는 눈물을 글썽이며 "선생님한테 엄마가 문자 보내주면 좋겠어" 한다.

괜한 고집이 마음에 들어왔다. 2학년인 아이가 아직도 자신의 생각을 선생님께 말하지 못한다는 게 마뜩치 않았다. 엄마가 말해 버리면 아이가 말할 기회를 빼앗기고 점점 엄마에게 의지할 거라는 걱정이 앞섰다.

"학교에서 지내다가 힘들면 선생님께 말씀드려 봐."

아이는 고개를 저으며 울먹이기 시작한다. 아픈 아이의 마음을 돌보지 않고 완벽한 엄마 역할로 진입하는 중이다.

"다른 애들은 그렇게 한단 말야. 다른 애들이 부럽다."

진짜 아프면 저런 말할 겨를도 없는 것 아닌가. 아직 덜 아프니까 투덜대지 싶었다.

"부러운 애들 집에 가서 살아. 친구랑 비교하고, 다른 엄마랑 비교하는 거 듣기 불편해!"

"…"

한동안 말이 없던 아이는 풀이 죽은 목소리로 "잘 먹었습니다" 하며 식기를 정리하고 학교에 갈 준비를 한다.

학교에 가기 전에 몸도 마음도 아픈 아이를 달래야 함을 알아차렸다. 아니 돌봐줘야 했다. 다른 일도 아니고 아픈 내 아이를 보호하는 일이다.

아이는 학교라는 공간에서 자신의 아픔을 이해 받고 싶었던 거다. 자신이 말하지 않아도 선생님이 먼저 알아봐 주길 바랐던 거다.

아이가 자라면서 친구가 부럽다는 말을 자주 했다. 간혹 친구 엄마가 부럽다고도 했다. 그런 말들이 나도 모르게 쌓여 폭발하고 말았다. 그 집에 가서 살라니. 얼마나 아이에게 무서운 말인가.

등교 준비를 하는 동안 아이에게 뭐라고 말해 줘야 할지 정리가 필요했다. 아이의 눈물처럼 나도 눈물이 맺혔다. 뭐라고 말해줄까. 선생님께 문자를 보내준다고 할까. 병원에 먼저 갈까.

등교 준비를 마친 아이가 내게 다가와 스르르 안겼다. 아이는 소리죽여 울고 있었다. 얼굴을 보니 눈물 콧물이 정신없이 흘러내린다.

"선생님이 네가 아픈 거 알아주셨으면 좋겠다는 거니?"

아이가 고개를 끄덕인다.

"친구가 부럽다는 건 너도 친구처럼 아플 때 쉬고 싶다는 거고. 쉬는 친구들이 부러울 만큼 우리 아들이 아프고 힘들구나. 미안해 엄마가 알아주지 못해서…. 병원에 먼저 갈까? 심하게 힘들지 않으면 학교 끝나고 가도 되고. 어떻게 할까?"

무엇보다 아이의 건강이 우선이다. 하지만 엄마의 판단으로 괜찮을 거라 짐작했다. 아이에게 엄마가 선생님을 해봐서 아는데 엄마는 내 아이만 봐달라는 말을 하는 게 어렵다고 고백했다. 하지만 나는 선생님이 아닌 엄마다. 다른 일이 아닌 아이의 건강에 관련된 일이라 문자를 드리는 게 맞는 거 같다고 판단했다.

아이의 마음이 전보다 한결 가벼워 보였다. 마음이 가벼워지니 몸도 덜 아파 보였다.

두 아이를 학교에 보내고 집으로 돌아오는 길에 비가 내렸다. 비를 맞으며 가슴이 먹먹해졌다.

나는 참 나쁜 엄마다. 남들 보기에만 좋은 엄마 되려고 노력하는 중인가. 왜 아이가 아플 때 잘못된 신념으로 고집을 부려 아픈 아이에게 편안한 안식처가 되지 못하는가.

하늘에서 내리는 비가 질문이 되어 나에게 쏟아진다.

나 지금 엄마로 잘 살고 있는 건가.

제3장

나를
사랑하다

나를 사랑하지 못하는 여자가
엄마가 되었다. 나를 바라보는
방식 그대로 내 아이를 바라보는
모습을 보며 아이보다 나를 먼저
사랑하고 싶어졌다.
나조차도 모르는 내 마음을 만나기
위해 쓰고 또 쓰다 보니 이 글은
누구보다 내가 나를 향해 쓴
글이라는 것을 발견했다.

I

이름을 불러주는 것만으로도

* * *

결혼 후 타지에서 가정을 꾸리다 신랑의 이직으로 8년 만에 다시 내 고향으로 돌아오게 되었다.

타지에서 시댁 근처에 살던 나는 의지할 곳이 신랑과 시댁밖에 없었다. 외향적인 성향이 아니라서 친구를 쉽게 사귀지도 못하고 동네 엄마들과 대화를 잘 나누는 편도 아니다. 그런 내게 홈그라운드로 돌아가자는 신랑의 이야기는 희소식이었다.

내가 이사 온 마을은 나름 신도시지만 주소가 '면' 단위라 그런지 어딘지 모르게 정겹다. 아파트 4단지가 구불구불한 넓은 오솔길을 사이에 두고 옹기종기 모여 있었고, 무엇보다 아이들 등굣길이 안전하고 편안했다. 내가 아이라면 학교 가는 길이 매일매일 신나게 소풍 가는 길로 느껴질 거 같았다. 물론 내 예상과는 달랐지만.

이사를 와서 며칠 지나지 않아 아이들과 놀이터에 나갔다. 아이를 데리고 나온 엄마가 있었다. 고교 동창임을 한눈에 알 수 있었다. 정확히 이름까지 기억이 났지만 친했던 것도 아닌데 먼저 아는 척하기가 어색했다.

'이 친구도 날 알아볼까?'

이사 온 동네에서 20년 만에 처음 마주한 친구. 친하지 않았어도 친구라는 이름을 붙일 수 있는 건 고향의 그리움과 반가움에서였다. 먼저 아는 체해 주길 내심 기대했는지도 모른다. 이사 온 내게 "이사 오셨어요?" 하며 말을 걸어주는 건 참 고마운 일이니까.

내가 먼저 말을 걸기에는 용기가 부족했다. 나는 너를 알겠는데 너는 나를 모른다면 언젠가 말을 걸 수 있는 자연스러운 시기가 오겠지 싶었다.

그 순간은 얼마 지나지 않아 찾아왔다. 큰아이가 초등학교에 들어간 직후의 학교 적응 기간이었다. 아이들이 하교하는 시간에 맞춰 엄마들은 학교 앞에 삼삼오오 모여 있었다.

그 무리 안에 내 친구가 있었다. 동네 엄마들과 내 친구는 이미 친한 사이인지 "~ 언니" 하며 이름을 불렀다. 놀라웠던 사실은 엄마들이 엄마 자신의 이름을 부르는 거였다.

'아, 진짜 친하구나. 이 사람들은 원래부터 친했나??'

그동안 나는 동네 엄마들과 아이 이름을 부르던지 상대가 나보다 나이가 많으면 아이 이름 플러스 언니로 불렀다.

어색하게 아이를 기다리며 서 있는데 동창이 내게 말을 걸었다.

"어디서 많이 본 거 같은데…."

기다렸다는 듯 나는 얼른 대답했다.

"응, 우리 고등학교 동창이잖아."

이사 온 곳에 친구가 있다는 것이 큰 힘이 되었다. 다시 20년 전으로 돌아간 듯한 기분이 들었다. 같은 반이라도 몇 번 대화를 나누지 않은 친구였지만, 이 푸근한 기분은 뭘까.

그때부터 나는 동네에서 보석이 엄마가 아니라 '지현이' 또는 '지현 언니'로 불렸다.

내 이름은 송지현이다.

아이를 낳고 나의 이름은 보석이 엄마, 별이 엄마였다. 시댁에서도, 반 모임에서도 나는 보석이 엄마, 별이 엄마였다.

잊고 지낸 나의 이름을 동네 엄마들이 부르는 순간, 울컥했다.

"지현아~."

그 중 동네에서 제일 예쁜 언니가 있었다. 이 언니는 예쁜 얼굴만큼 말도 예쁘게 했다. 그런데 그 언니가 나를 꼭 지현이라고 불러줬다. 평소 말할 때도 지현이, 문자를 보낼 때도 앞에 꼭 내 이름을 넣어주었다.

동네에서 만난 엄마들은 아이를 매개로 만난 사이다. 누구의 엄마로 서로를 알게 되었지만, 이름을 불러주는 건 '나로 살아가라'는 말처럼 들렸다. 보석이 엄마, 별이 엄마 안에 살고 있는 지현이를 꺼내고 싶었다. 이름을 불러주는 사람들이 참 고맙게 느껴졌다.

어렸을 때는 내 이름이 참 마음에 들지 않았다. 고등학교 때 나와 이름이 같은 친구가 있었다. 그 친구는 김지현이다. 두 지현이가 같은 반이니 성을 붙이지 않으면 누구를 부르는지 몰랐다.

내 이름의 지는 한자로 知다. 할아버지가 이름을 지어주실 때 많이 배워 교수가 되라고 붙여주신 이름이란다. 공부와 친하지 않았기에 이름대로 자란다는 말을 믿지 않았다. 그런데 혼자 산책을 하다 불현듯 이런 생각이 들었다.

지현이의 지는 지식보다 지혜를, 깨달음을 전하라는 뜻이 아닐까. 깨닫는 나의 삶을 알리기 위해 '글'이라는 동아줄을 놓지 않고 꽁꽁 붙잡고 있는 건 아닐까.

이름대로 살아가는 게 맞다. 닫혀 있던 마음을 여니 내 이름이 좋아졌다. 지현이라고 얼마든지 불러다오.

"지현아~."

2

당신은 무슨 색인가요

*** *** ***

학창 시절 나의 중심은 늘 외부에 있었다.

'이 세상은 누구를 중심으로 돌아갈까? 공부를 잘하는 친구? 좋은 부모를 둔 친구? 모든 것을 다 가진 친구?'

내 의지대로 내 삶을 살아가는 것에도 의심을 품던 시기가 있었다. 사춘기라고 하는 질풍노도의 시기를 몇 가지 물음으로 대신했다. '나는 누구일까?' 하는 질문 대신 나보다 잘난 사람에게 관심을 가졌다.

어린 시절의 나는 '나'로 살지 못했다. 집 앞 작은 찻길도 열 살 때까지 혼자 건너지 못했다. 무얼 하든 꼭 물어보고 하는 수동적인 삶을 살았다. 자라서도 여전히 혼자 무언가를 결정하는 것이 너무 어렵다. 작은 일조차 남에게 물어보고 의지하려는 경향이 강하고 쉽게 좌절하곤 한다.

그렇기에 나보다 명확히 잘난 친구를 좋아했다. 아니 동경했다.

자기 의견이 확실한 친구에게 조언도 받고 의지했다. 옷을 사러 갈 때는 패션 감각이 있는 친구를 데려가 그 친구가 예쁘다는 옷만 살 정도였다.

지금 생각하면 참 어이없고 한심하기 그지없다. 내가 입고 다니는 옷인데 친구 마음에 드는 것을 샀으니. 내 옷인지 네 옷인지 참 웃픈 과거였다.

색으로 말하자면 노랑 같은 사람을 좋아했다. 톡톡 튀는 자기만의 매력을 지닌 사람.

어쩌면 그는 내가 되고 싶은 나였는지도 모른다. 개성과 의견이 확실한 사람은 자신감이 넘쳐 옷을 못 입어도 멋져 보였다.

고등학교 때 친구 중에 그런 친구가 있었다. 요즘 말하는 걸 크러쉬 같은 친구였다. 얼굴이 예쁘진 않았지만 눈이 크고 맑았다. 날씬하진 않았지만 자신만의 감각이 살아 있었다. 한국 영화보다 외국 영화를 좋아하고 팝송을 즐겨 들었다.

나는 외화를 정말 싫어했다. 난독증이 있나 싶을 정도로 글자 읽기에 급급했지만, 그 친구와 같이 영화관에 가면 괜찮은 척했다. 그 친구가 지니고 있는 색이 좋아 함께 다니고 자주 만났다.

20년이 지난 지금 돌이켜보니 그 친구를 있는 그대로 좋아했다기보다 그 친구의 모습을 동경하고 닮아가기 위해 같이 다녔던 거 같다. 그가 되고 싶은 나였다.

지금은 연락이 닿지 않지만 여전히 그 친구가 생각나고 보고 싶다. 이제라도 다른 사람이 중심이 아닌 나 스스로를 사랑하는 시간을 가지려고 한다. 이 같은 깨달음을 주기 위한 인연이었던 것 같다.

그 친구의 색깔이 노랑이라면 나는 어떤 색일까?

한 수업에서 인생 부채 만들기 작업을 했다. 에릭슨의 심리사회적 발달단계에 맞추어 각 단계의 삶에서 가장 인상적인 사건이나 느낌을 간단히 적고 색연필로 칠하는 활동이었다.

1단계 (영아기, 신뢰감 대 불신감)

기억이 안 나지만 어린 시절 가족들에게 안겨 찍은 사진으로 보니 사랑을 제법 받은 것 같다. 분홍색.

2단계 (유아기, 자율성 대 수치심)

뭐든 내가 하려는 시기라고 하는데, 마음대로 못하게 했던 할머니가 떠오른다. 이거 해도 되냐고 꼭 묻곤 했다. 되는 것보다 안되는 것이 많으니 지나친 보호와 간섭이었다. 빨강.

3단계 (유치기, 주도성 대 죄책감)

주도적이란 말이 일단 낯설다. 주도적인 삶을 보내지 못했다. 무슨 색으로 칠해야 할까. 검정은 너무 어둡다. 그 정도는 아니니 회색 정도. 아, 색연필에 회색이 없다. 연필로 살살 칠해 본다.

4단계 (아동기, 근면성 대 열등감)

초등학교 때 내게 남은 가장 큰 기억은 백납이라는 피부병에 걸린 것이다. 병원에 가기 위해 결석도 했다. 병을 낫기 위해서는 자외선 차단이 필수였다. 덕분인지 때문인지 나는 운동회 연습에 참석하지 못하고 교실에 혼자 남아 친구들을 기다렸다. 연습을 마치고 교실에 들어와 덥던 친구들이 부러웠다. 5학년인가 6학년 때 학교에서 수영장을 갔는데, 나는 수영장 그늘막에 앉아 친구들이 노는 모습을 바라보았다. 나도 놀고 싶었다. 차라리 결석할 걸 그랬다. 아, 나의 아동기는 무슨 색으로 칠해야 하지. 이번에는 검정 색연필로 살살 칠해 본다.

5단계 (청소년기, 자아정체성 확립 대 역할 혼미)

중학교는 그럭저럭 잘 다녔다. 피부병도 다 나았고 친구들과 깊은 우정을 나눌 수 있었다. 문제는 고등학교였다. 천안에 사는데도 천안에 있는 인문계 고등학교에 못 갔다. 성적이 좋지 않았기 때문이다. 실업계 고등학교에는 가고 싶지 않아 천안 인근의 인문계 여고를 다녔다. 엄마는 편지로 위로해 주셨지만, 부모님께 좋은 딸, 착한 딸이 되어드리지 못한 죄스러움을 느낀다. 목표가 뚜렷하지는 않았지만 대학은 가고 싶었던 나. 무슨 색으로 표현할까. 베이지색이다.

6단계 (성인 초기, 친밀성 대 고립기)

유치원 교사라는 직업을 선택하고 사랑하는 사람을 만나 결혼도 했다. 육아는 힘들지만 사랑이라는 마음이 싹튼다. 분홍색.

7단계 (장년기, 생산성 대 침체감)

나이로 따지면 이제 접어드는 시기인 거 맞지? 아름답게 익어가고 싶기에 가을 풍경으로 칠해 본다.

8단계 (노년기, 통합성 대 절망감)

어느 선생님은 삶의 목적을 잘 죽는 거라고 하셨다. 아직 다가오지 않았지만 나도 잘 살다 잘 죽고 싶다. 내가 되고 싶었던 나의 색, 노랑으로 결정했다.

활동을 마치고 짝꿍 선생님께 인생 부채를 소개했다.

"제게 기억되는 색은 회색이나 베이지색이 아닐까 싶어요. 왜

냐하면 특별한 개성이 없는 흐리멍덩한 색이 꼭 저 같거든요."

"아! 선생님. 베이지색이 어디에나 어울리는 바탕색이 되는 거 몰랐어요!! 자신의 색에 대해 부정적으로 인식하는 거처럼 느껴지는데…. 자신한테 미안해야 해요."

되돌아온 짝꿍 선생님의 답변에 당황스러웠다. 나는 스스로의 이미지를 부정적으로 해석하고 과거를 곱씹으며 살고 있었다. 진짜 마음을 들켜버려 부끄럽기까지 했다. 지금까지 나는 사람들 앞에서 자신을 낮추는 게 겸손이라고 생각했다. 그건 겸손이 아니라 스스로의 자존감을 버리는 거였다.

'나는 이렇게 못난 사람입니다'라고 말하는 격이다. 겸손은 자신을 낮추는 게 아님을 깨달았다.

사람과의 관계를 소중히 여기게 되자 상대의 말 한마디로 나를 바라보는 시선에 전환이 일어났다.

수업이 끝나고 돌아오는 길에 나를 정의한 '색'에 대해 돌아보았다. 나를 베이지색으로 느끼는 것은 지극히 개인적인 해석이다. 과거의 사건이나 상황은 변하지 않는다. 과거의 일이 나에게 어떤 의미였느냐는 각자의 몫이다.

우울했다고 여긴 과거이지만 그것도 내 모습이기에 있는 그대로 받아들이기로 했다. 내가 느낀 감정과 해석이 틀렸다고 하면 그것 또한 나를 부정하는 일이다. 베이지색이든 회색이든 나의 느낌을 존중하려 한다. 그때의 감정과 느낌을 부정하면 다시 내 삶의 주인은 내가 아닌 타인이 된다.

내 인생의 주인은 나다. 앞으로 나의 색이 어떤 색으로 칠해질지 기대된다.

당신의 색은 무엇인가? 왜 그렇게 생각하는가?

이 짧은 문장이 가슴에 오래도록 남아 나를 성찰하게 하였다. 그렇다. 이 글을 쓰고 있는 나도, 이 글을 읽고 있는 당신도 그 자체만으로 충분하다.

3

관계 속의 나

＊＊＊

남편보다 나를 더 사랑하기로 했다

두 남녀가 있다.

얼굴만 봐도, 그의 손길만 닿아도 좋았다. 그의 푸근한 뱃살마저 나를 위해 존재하는 것 같았다. 주말에 만나 데이트를 하고 헤어질 때면 눈물이 앞을 가렸다. 그를 만나기 위한 일주일이 일 년처럼 느껴졌다.

연애 시절 내가 가장 좋아하던 일은 그의 글을 읽는 것이었다. 그는 데이트 후기를 만난 지 일 년 되는 날까지 싸이월드 둘만의 비밀 공간에 올렸다. 우리의 만남을 한 번도 빼놓지 않고 꼬박꼬박 기록한 그의 정성과 노력이 지금도 전해진다.

신혼 초 심리적으로 힘이 들 때 컴퓨터를 켜서 그의 글을 읽으며 마음을 다잡기도 했다. '그가 변한 것이 아니라 상황이 변한 거야'라고 생각하며 옛 추억에 잠길 때면, 미움보다 사랑의 감정이 솟아났다. 그는 나에게 샘물 같은 존재였다.

신혼 초 타지에 와서 사는 내가 힘들어 보였는지 하루 휴가를 주었다. 결혼 후 처음으로 갖는 시간이 낯설었다. 지금 같으면 혼자 떠나는 여행을 해보고 싶다. 그때의 나는 혼자인 것이 두려워 친한 언니네 집에서 하룻밤 자고, 다음날 친구를 만났다.

그와 나는 큰소리를 내며 싸운 것이 아니었다. 결혼 후 미묘한 감정의 변화를 겪던 시기였지만, 하룻밤이 지나고 나니 그가 보고 싶었다.

늦은 오후가 되어 집에 돌아왔다. 화장대를 여니 남편의 편지가 들어 있었다. 미안하다는 내용의 반복이었지만, 그의 잘못이 아닌 변할 수 없는 상황이 문제라는 걸 알기에 남편을 더 이해하려 노력하였다.

'손 편지를 쓰는 것은 사랑하는 일이고, 손 편지를 받는 것은 사랑 받는 일'이라고 한 박준 시인의 글귀가 떠오른다.

취직했다고 큰소리 쳐놓고 하루 만에 집으로 돌아온 나에게 이렇게 말할 법도 했다.

"내가 그럴 줄 알았어. 하루 만에 돌아올 거면 뭐 하러 나갔냐!"

그 대신 그는 따뜻한 말로 위로해 주었다.

"내가 초등학교 땐가 엄마가 일하러 다니기 시작했는데, 학교 갔다 돌아와서 집에 엄마가 없으면 허전하더라. 집에서 애들 보는 게 아이들에게는 그때만 줄 수 있는 선물 같은 거야. 애들 보내고 오전에 뭘 배워도 좋고 너를 위한 시간으로 써봐."

글을 쓰는 지금도 "송 작가, 간식이요~" 하며 쿠키와 커피를 건네주는 남편을 미워할 수 없다.

자신도 하고 싶은 일이 있을 텐데 가정의 생계를 위해 싫은 일도 내색하지 않고 묵묵히 버팀목이 되어주는 남편. 보석이, 별이 엄마로만 살지 말고 송지현 본연의 이름으로 살아가라는 남편.

남편이 남의 편이라는 말도 있지만, '내 남편'은 '남'이라는 글자만 빼면 '내 편'이 된다. 같이 사는 '내 편'이 나를 응원해 준다. 나의 자존을 세우며 살라고 한다.

그는 나의 부족함을 바꾸려고 하지 않고 있는 그대로를 사랑해 주는 사람이다. 그런 사람이 내 옆에 있어 행복하다. 행복하지만 남편만 바라보고 살 수는 없지 않은가.

사람은 혼자서 살아갈 수 없지만 내가 바로서야 건강한 관계가 만들어진다. 남편보다 나를 더 사랑하기로 했다.

열등감은 나를 성장시킨다

나와 가까워질 수 없다고 선을 그은 사람이 있었다. 외모로 사람을 판단하는 나의 옳지 않은 기준이었다. '사람은 끼리끼리 어울린다'는 하나의 관념에 빠져 있었다. 하나의 관념은 '우물 안 개구리'가 된다는 것을 독서를 하며 알게 되었다.

내가 마음의 벽을 세운 사람을 소개한다. 내 눈엔 예뻤고 패션 감각도 뛰어났다. 어렸을 때부터 경제적으로 풍족하게 자라왔다. 마음 씀씀이가 넉넉했다. 게다가 가정도 화목하고 어디서든 사랑받는 그녀다. 식당에 가면 티슈를 깔고 수저를 놓아주었으며 물도 따라주었다. 예쁜데다 마음과 말의 온도까지 완벽한 그녀였다.

나름 예쁘게 차려입고 나선 날이다. 그녀를 만나 같이 가려고 약속장소에서 기다리는데, 화보 속에서 튀어나온 것 같은 차림의 그녀가 보인다. 에잇! 나도 나름 신경 쓴 건데…

모임 장소에 가니 이목이 그녀에게만 집중된다. 역시~ 그녀를 따를 사람은 없었다.

그녀를 보며 느꼈다. 그동안 내가 선을 그은 사람과 친해지지 못한 이유를 알아챘다. 바로 열등감이었다. 열등감을 가지고 사람을 대하는 내가 보였다. 나에게 부족한 면을 다 가진 사람에게 질투가 났다. 한 가지도 아니고 다 가진 사람들이 부러웠다. 부러우면 부럽다고 하면 되는데, 질투 나면 질투 난다고 말하면 되는데, 감정을 꽁꽁 가둬둔 채 마음의 벽을 쌓아가고 있었다.

내가 느끼는 감정이 열등감에서 오는 시기와 질투라 하더라도 그 감정은 틀리지 않았다. 감정을 인정하니 나의 좁은 관념이 보였다. 나를 제대로 인정할 수 있었다. 나를 인정하니 다른 사람의 우월한 부분에서 열등감을 느끼기보다 배울 점을 찾게 되었다.

심리학자 아들러는 열등감은 약함이나 이상함의 징후가 아니라 창조성의 원천이라고 했다. 열등감은 모든 사람이 경험하는 것으로 노력의 원천이라고 보았다. 열등감을 부정적인 것으로 인식한 나에게 책 공부는 사람을 대하는 태도를 바꾸라고 일러주었다.

그 후로는 나보다 많은 것을 가진 그녀에게 열등감을 느끼기보다 배울 점을 찾게 되었다. 나를 더 돌보고 성장하도록 맺어진 인연에 감사하다.

나는 착한 '척'하는 며느리와 결별한다

시댁에 다녀왔다. 갑작스레 김장 일정을 잡은 어머님의 호출이었다. 갑자기 김장을 하게 된 데는 충분한 이유가 있었다.

신랑이 퇴근해 집에 돌아오자 아이들을 데리고 시댁에 갔다. 미리 오신 시이모님과 함께 김장 속을 다 준비해 놓으셨다. 이모님과 배추 속을 넣으며 이런저런 이야기를 나누었다. 식사를 마친 신랑이 곁에 와서 한마디 뱉는다.

"김장을 어떻게 하는지 배워야지."

이모님, 어머님은 입을 모아 말씀하셨다.

"아이고, 때가 되면 다해. 지금부터 할 필요 없어."

대꾸하진 않았지만 나는 신랑을 마음으로 흘겨보았다. 신랑의 말이 틀리지는 않지만, 이런 말을 할 상황은 아니지 않는가! 남자들의 눈치란.

생각보다 김장을 빨리 마쳤다. 다음날 싸준 음식을 가지고 집으로 왔다. 김치 이외에도 고구마, 삶아놓은 시래기, 자식들 오는 날에 맞춰놓은 가래떡, 아침에 장 봐오신 무, 배추, 제철인 꼬막, 주워 오신 밤, 직접 쑨 도토리 묵, 껍질 벗긴 도라지, 호박 등 한가득이다.

김치냉장고 속에 든 물건부터 정리하고 새로 담은 김치 등속을 갈무리하자니 꽤 오랜 시간이 걸렸다. 친정엄마처럼 우리 시어머님의 사랑도 손수 만든 음식을 전하는 것이라는 걸 안다. 늘 감사했지만 오늘은 지나치다는 생각이 들었다. 왜 이런 생각이 찾아온 걸까? 무겁게 나르는 게 힘들어서? 김치 정리하는 게 힘들어서? 나를 힘들게 하는 건 육체적 피로가 아니었다.

'왜 시댁에만 다녀오면 힘이 들까. 알 수 없는 피로가 찾아올까. 다 잘해 주시는데, 싫은 말씀 한마디 없으신데, 나는 왜 마음이 무거운 걸까.'

지극히 주관적인 감정인데 왜인지 모르겠다. 모르겠으니 더 예민해진다. 시댁에 가면 신이 나지 않는 이유, 다녀오면 알 수 없는 우울감의 원인을 찾아야 했다. 무던히도 둔감한 내가 찾아낸 것은 '존재감'이었다.

신혼 초부터 좋은 며느리가 되려고 많이 애썼다. 내 마음이 허락하지 않는데도 이렇게 하면 신랑이, 어머님이 좋아할 것 같아 누가 시키지 않아도 일을 만들었다. 착한 며느리라는 인정을 받고 싶어 그리 애쓰지 않았나 싶다.

그런데 돌아오는 말은 '잘하려고 애쓰지 마'였다. 나는 이렇게라도 해서 나의 존재를 인정 받고 싶었다. '애써서 고맙다'라는 칭찬과 격려에 목말라 있었다. 친정엄마가 시어머니께 듣고 싶어했던 인정의 말, 내가 어렸을 때부터 목말라 했던 말, 애정 어린 말을 듣고 싶었다.

시부모님을 보며 모든 일의 중심에 아들을 두는 게 가끔은 지나치다 싶기도 했다. 그런데 시댁에서 신랑보다 더 사랑 받기를 원하다니. 그런 나 자신을 알아차리곤 헛웃음이 나왔다. 참 어이 없고 철없는 며느리였다.

인정 받기 위한 행동, 타인의 시선을 의식하는 행동에는 진심 이 담길 수 없다. 숨은 마음을 요상하게 포장해 티 나게 행동하 는 모습, 착한 '척'하는 모습, 어른들은 다 아실 거다.

나는 착한 며느리와 결별한다. 아니 인정 받으려 노력하는 착 한 '척'했던 며느리와 결별한다.

여자들에게 평생 주어진 과업인 시댁과 진심이 통하는 날이 올 지는 알 수 없다. 인정 받기 위해, 남편보다 사랑 받기 위해 애쓰 기보다 한 집안의 한 사람으로 있기를 바란다.

아! 마음이 한결 가벼워진다.

4

자기 자신을 믿는 힘

***

책을 읽다가 '자기 자신을 믿는 힘'이란 글을 보고 사진을 찍어 두었다. 이 말이 인상 깊어 SNS 프로필 사진으로 올려둔 적도 있다. 나에게 해주는 말처럼 들렸기 때문이다.

아이를 키우다 보니 어린 시절의 나로 자주 돌아가게 된다. 나는 유년기에 소심하고 자신감이 부족한 아이였다. 사회생활을 하며 나의 역할을 인정 받고 사회적으로 자신감이 채워져간다고 생각했다. 아니 착각했다.

그 같은 착각은 외부의 인정에서 비롯되었다. 내가 일하던 유치원은 행사를 마치면 평가의 시간을 가졌다. 좋았던 점보다 보완할 점에 비중을 두었다. 다음 행사를 더 완벽하고 성공적으로 치르기 위해서였다. 외부의 평가에 신경 쓰는 것 못지않게 스스로를 다독였다면 좀 더 단단한 나로 성장했을 것 같다.

"오늘 정말 잘했어. 처음인데 부모님들과 함께하는 수업을 실

수 없이 차분하게 잘 이끈 것 같아! 그동안 준비하느라고 참 대견하다. 수고했어!"

일기라도 쓰며 스스로를 독려하면 좋겠다. 과거의 나는 긍정보다 부정에 가까웠다. 객관적으로 보려 한다고 여겼지만 알고 보면 나에게 참 인색했다.

육아를 하며 의심의 연속이다. 아이의 작은 질문 하나에도 대답을 망설이게 된다. 엄마의 선택이 아이에게 그릇된 결과를 가져올지 늘 불안했다.

아이를 키우며 한없이 작아졌던 날, 동창들을 만났다. 마음속에 우울함과 낮은 자존감이 맴돌고 있으니 자연스레 감정들을 쏟아놓게 되었다. 이야기를 듣던 한 친구가 이렇게 조언하였다.

"지금 너는 자신감이 굉장히 낮아져 있어. 일만 시간의 법칙이라고 들어봤나?"

그 친구는 출근 전 새벽 시간을 활용해 공부하는 중이라고 했다. 그렇게 공부한 결과 시험 결과도 좋았다. 결과보다 중요한 건 그것을 매일 해내고 있다는 자신감이었다.

그 친구를 보며 깨달았다. 자신의 미래에 대한 확신은 터무니없는 자신에 대한 믿음에서 오는 게 아니라는 것을. 그 친구의 자신감은 대기업이라는 타이틀에서 나오는 것이 아니었다. 중요한 것은 실천이었다.

내가 무언가를 할 수 없다고 믿으면 정말로 할 수 없게 된다. 그러나 할 수 있다고 믿으면 처음에는 그러한 능력이 없었을지 몰라도 곧 그 능력이 생긴다.

마하트마 간디의 말이다. 작은 것이라도 스스로 결정하고 도전해야 한다. 안되는 이유부터 찾지 말고, 시도하고 도전하면 자신이 원하는 능력을 가질 수 있게 된다. 이 능력이 바로 자기 자신을 믿는 힘이다.

나를 믿으면 우리 아이들을 믿을 수 있다. 나를 사랑하면 우리 아이들도 사랑할 수 있다.

나를 있는 그대로 인정하기

'나는 아이보다 나를 더 사랑한다.'

신의진 교수의 책을 보고 쓴 글이다.

사실 나를 사랑하는지도 의심이다. 내가 무언가를 잘 해내야 만족스럽고 마음에 든다.

아무것도 실천하지 않는 거울 속의 내가 외모도 내면도 못나 보였다. 있는 그대로의 나를 사랑하는 게 왜 그리 어려운지, 아이들의 모습 그대로 바라보며 사랑하지 못하고 왜 내가 정해 놓은 틀에 맞아야만 예뻐하는지 방향을 찾고 싶었다.

방향을 찾았을까? 나를 사랑하지 못하고 있는 그대로 인정해 주지 못한 한 가지 이유를 발견하였다. 바로 '내(상대의) 감정에 머물러주기'였다.

교육 전문가들은 내 감정을 먼저 알아채라고 한다. 여러 가지 감정 단어 중 내가 사용하는 감정 단어가 몇 가지 안되는 것을 알고 한동안 냉장고 앞에 붙여 두었다.

'왜 감정 일기를 쓰는데 감정이 쉽게 바뀌지 않는 거지. 왜 감정에 지배되어 살아가는 걸까?' 고민하다 보니 나도 모르게 무의식적으로 바르게 살아야 된다는 강박이 있음을 알게 되었다.

나는 감정마저 옳은 감정과 그른 감정을 구분해 놓고 부정적인 감정이 오는 상황을 견디지 못했다. 부정적인 감정은 무조건 나쁘다고 인식하여 음식 먹어 치우듯 빨리 없애버려야 한다고 여겼던 거다.

'남들도 그렇게 살잖아. 나보다 심한 사람이 훨씬 많잖아'라는 내면의 소리로 감정을 기죽여버리니 자존감의 기본이 되는 '감정'을 인정하지 못하게 되었다.

나를 인정하는 일의 우선은 나의 감정을 인정하는 일이었다. 아이에게 화를 내고 상대와 싸움으로 이어지는 감정에서는 빠른 감정 조절이 필요하다.

때로는 남이 들려주는 겉핥기 위로보다 자신의 감정에 머물러 주고 서서히 '괜찮다'라고 스스로 말해 주는 자세가 필요하다.

"괜찮아?"라는 말은 남에게만 하는 말이 아니다. 때때로 자신에게 물어야 한다.

"괜찮아?"

5

쓰면 사랑하게 된다

***

일기 쓰기의 힘

기분이 나쁘다. 힘든 일이 있다. 어려운 문제를 앞두고 고민 중이다. 기쁜 일이 있다. 슬프다. 화가 난다. 짜증이 난다.

내 안에서 일어나는 감정의 이야기를 나는 누군가에게 말로 또는 전화를 걸어 푸는 성격이었다. 수다를 떨고 나면 감정이 일시적으로 정화되는 기분이 든다. 상대가 궁금해 하거나 묻지도 않는데 어느새 말하고 있는 나를 발견한다.

친한 친구와 1시간은 기본으로 실컷 수다를 떤 후에도 자연스럽게 이렇게 말한다.

"다음에 만나서 또 얘기해."

어느 날 가까운 언니에게 속상한 일을 한참 털어놓고 있었다.

"지금 나한테 했던 말, 그 이야기 글로 한번 써볼래?"

세상에! 내 말이 듣기 싫었나? 팔 아프게 그걸 언제 글로 써.

전화를 걸어 실컷 하소연하고 나면 언니는 반복해서 쓰기를 권유했다. 독후감부터 논문까지 학교 다닐 때 쓰는 거라면 진저리를 내곤 했다. 자꾸 권하는 언니가 이해되지 않았다.

하지만 어느 순간 책상에 앉아 글을 쓰고 있는 자신을 발견했다. 언니에 대한 믿음 때문이었을 것이다.

일단 그냥 썼다. 손이 가는 대로…. 이를테면 내가 화가 난 이유를 '화가 난다. 남편이 밉다…'라고 쓰지 않고 어떤 일로 화가 났는지 그 상황을 그대로 드라마처럼 글로 재연하였다.

아이들이 책상에 앉아 그림을 그리거나 일기를 쓸 때 나도 함께 쓰기 시작했다. 아이들이 "엄마, 오늘 일기 뭐 써요?" 하고 묻는 것과 똑같은 질문을 나에게 했다.

'오늘 뭘 쓰지?'

오늘 하루 무슨 이야기부터 꺼내야 할지 생각조차 나지 않는 지금, 나는 영혼이 가출했다. 몇 번을 아이를 잡았나…

이렇게 시작하다 보면 친구에게 이야기하듯 아이를 잡은 이야기, 무의식중에 나온 생각 등이 손끝에서 기어 나왔다. 아이들의 이야기로 도배되는 일기장이었다.

처음에는 화가 났을 때 글을 많이 썼다. 화난 감정처럼 글씨도 화풀이하듯 쓰고 덮어버렸다.

며칠 뒤 일기장을 들여다본다. 신기하게도 제3자가 되어 글 속의 내가 보인다. 내가 그때 왜 그런 마음을 느꼈는지, 화가 났는지, 그는 왜 그런 말을 했는지 신기하게도 알겠는 거다.

단지 상황과 감정을 적었을 뿐이다. 그런데 글 속에 어린 시절 비교당하던 내가 출연하고 있었다. 또한 인정욕구에 목말라 하는 나를 만날 수 있었다.

언제든지 썼다. 어느 상황에서든 썼다. 시댁에서 나는 없는 것처럼 느껴지고 신랑만 챙길 때 그 서운한 감정을 시댁 방안 구석에 앉아 스마트폰에 끼적였고, 술 한잔 하고 기분이 내려앉은 날에도 썼다.

나는 단지 썼을 뿐인데 하얀 백지가 괜찮다고 위로해 주는 것만 같았다. 이런 글들을 바로 '감정일기'라고 했다.

부정적인 감정을 글로 풀어내어 나의 상황을 보고 이해하는 힘이 길러졌다.

생일에 의미를 부여하는 일

우리는 가족 생일에 각자 자신이 좋아하는 것에 의미를 부여해 거기에 초를 꽂는다. 해마다 바뀌지만 신랑은 올해는 벌써부터 술빵으로 예약해 두었고, 큰아이는 아이스크림 케이크, 둘째 아이는 호두 파이에 초를 꽂아 축하해 준다. 그럼 나는? 나는 어디에 꽂지? 내가 좋아하는 것은 뭐지?

"생일인데 뭐 먹고 싶어?"

"음… 글쎄… 얘들아, 뭐 먹고 싶어? 자기는?"

그러지 말고 이제는 내가 태어난 날, 나에게도 묻자.

"음… 나는 내가 좋아하는 녹차 아이스크림 파인트 크기로 부탁해."

생일날, 30대의 마지막 생일인 하루가 지나가는 게 아쉽기도 하고, 한편으로는 기대감이 생기기도 했다. 30대, 육아로 보낸 내 시간이 동전의 양면같이 느껴졌다. 100원일 때도, 백 원일 때도 그 가치가 똑같은.

39살의 생일에 나는 두 가지를 했다.

첫 번째: 나에게 편지 쓰기

9월 14일 딱 좋은 날에 태어난 미인 송지현에게.

지현아…, 안녕? 처음으로 너에게 편지를 쓴다.

생일날까지 내가 쓴 책이 계약이 되었으면, 세상에 알려졌으면 하는 내 큰 욕심을 버리고 소박하게 나에게 편지를 쓰고 싶다.

오늘을 계기로 나는 다시 태어나고 싶었거든.

그 이야기를 남이 아닌 나에게 하고 싶은 건 '글의 힘'을 믿기 때문이야.

30대의 마지막 생일.

내년이면 마흔의 생일을 맞이하는 내가 조금은 성장하고 성숙된 자세로 삶을 바라봤으면 좋겠어.

아! 먼저 생일 축하해~

이 세상을 경험해 볼 수 있어서 너무 좋다.

1980년생 송지현아! 2018년 오늘까지 살아오느라 고생 많았어.

그냥 태어나서 살아가는 게 아니라 하루하루를 가슴 뛰는 일로 만들면 어떨까.

그리고 지금까지 많이 미워해서 미안해.

남이 미인이라고 해야 미인이 아니라, 스스로 미인이라고 생각해야 미인이 된다는 걸 이제야 깨닫는 중이야.

세상의 주인공이 아니라 조연이라고 생각하고, 베이지색조차 미운 색으로 만들어버려서 미안하다.

나는 이 세상을 당당히 살아나갈 자신이 있고, 아이를 키우면서 더 많이 단단해지고 있고, 많이 울기도 했지만 그 과정 모두를 사랑하려고 해.

'너를 있는 그대로 사랑해.'

앞으로 깊은 뿌리를 내리며 더 단단히 살아갈 거야.

나는 엄마니까.

나는 송지현이니까.

남답게 살아가지 말고 나답게 살아가자.

사랑한다. 지현아~

너는 존재만으로 충분히 소중한 사람이야.

고마워. 이 세상에 태어나줘서.

오늘은 다시 새로운 나로 태어난 날이야. 축하해.

나에게 편지를 써보니 나한테 미안함이 많았다. 사랑해 주지 못하고 예뻐해 주지 못해서 제일 많이 미안했다. 한 번뿐인 인생을 마음으로 얼마나 미워하고 탓했는지 느껴졌다.

나에게 미안하게 살았음을 깨닫는 순간 다시 나로 살고 싶어졌다. 미안했기에 이제 고마워하고 사랑하고 싶어졌다.

'생일'은 태어난 날이다. 나의 태어남을 스스로에게 격려하고 수고했다는 글 한 줄이 나를 키워주고 위로해 주고 나아갈 길을 만들어주었다. 마흔을 맞이하는 내 생일에 나는 어떤 모습일지 기대된다.

두 번째: 엄마에게 마음 전하기

어렸을 때는 친한 친구의 생일날이면 그 전날 잠들지 않고 기다리다가 12시 땡 하면 문자를 보냈다.

'내가 일등으로 축하해 주고 싶었어. 생일 축하해. 사랑해. 네가 내 친구라서 넘 행복하다.^^'

참 유치했지만 문자를 주고받던 기억이 난다. 결혼하고 아이 키우니 시대가 변하기도 하고 SNS가 발달하기도 하여 생일임을 알려준다. 시대의 변화가 편리와 감사를 주기도 하지만, 나는 아날로그 식이 좋다. 휴대폰에 뜨길래… 축하를 전하는 것과 내 생일을 꼭 기억했다 축하해 주는 사람은 분명 다르다.

생일을 축하해 주는 한결 같은 분이 있다면 나를 낳아주신 부모님일 거다.

이번 생일에도 엄마가 먼저 전화를 주셨다.

"미역국 먹었어?"

"응, 사위가 끓여줬지."

전날 아이들이 봉투를 만들어 용돈 천 원씩을 넣어주었다는 이야기를 시작으로 황서방 미역국이 맛있었다는 이야기로 한참 수다를 떨다 전화를 끊었다.

'고마워요. 사랑해요'라는 말이 이리도 어려울까. 그 두 마디를 하려고 난 빙빙 돌려 어제 있던 일까지 이야기했다. 결론은 행복한 생일이었다는 건데, 왜 이상하게도 엄마 앞에선 '행복하다'는 말이 나오지 않는 걸까.

안되겠어서 문자로 마음을 전했다.

아침부터 여러 사람에게 축하 받고
기분 좋은 걸 보니 아직도 어린가 봐요.
엄마 낳아주셔서 감사해요.
엄마 덕분에 세상을 만났어요.
엄마가 내 엄마라서 고마워요.
엄마가 되어 생일이 되니, 기쁨이 두 배가 되네요.^^

열 살 어린 송지현이 되어 엄마에게 문자를 보냈다. 아날로그

식이 좋다던 나는 디지털의 편리함을 이용해 엄마에게 쉽게 마음을 전했다. 결국 글이었다. 엄마가 전해 준 글은 사랑이다. 나는 글 사랑을 먹고 자랐다. 그렇기에 글의 힘을 믿는다.

기록하면 기적이 일어난다.

제4장

함께
성장하다

나를 더 아껴주고 사랑하기로
마음먹자, 내 앞에 있는 아이들이
마음으로 보이기 시작했다. 엄마의
욕심으로 엄마 마음에 드는 아이로
키우기보다 아이의 마음도 바라보는
엄마로 우리는 함께 성장 중이다.
내가 엄마가 되지 않았다면
어땠을까. 엄마 자신의 마음을
키우기에 육아는 충분했다.
진정, 육아(育兒)는 육아(育我)였다.

I

아이가 괜찮으면 된 거다

* * * *

큰아이가 일곱 살 때 이사를 하였다. 학기 중에 새로운 유치원에 들어가게 되었고, 나름 잘 적응하는 것 같아 만족스러웠다. 유치원에 아이와 함께 갈 일이 있었다.

등원하며 신발장에 신발을 넣는데 내 아이의 신발장만 달랐다. 다른 아이들의 자리에는 발바닥 모양 한쪽에 한자 이름이 적혀 있었다. 기분이 좋지 않았다. 내 아이만 다르다는 것이.

중간에 이사를 왔으니 담임선생님이 아직 못 바꿔놓으셨나 싶었다. 그런데 몇 달 후 상담 기간에 유치원을 방문했는데, 그때도 신발장이 한자 이름으로 바뀌지 않은 채였다.

'등본을 보내지 않아 한자 이름을 모르셨나?'

분명이 등본을 떼어 보낸 것이 기억났다. 몇 달이 지나도록 이름 표기를 바꿔주지 않은 담임선생님께 서운한 감정이 들었다. 우리 아이한테 신경을 안 쓰는 것 같았다. 그날 아이에게 물었다.

"유치원에서 신발을 어디에 넣는지 찾아봤는데 보석이 자리가 있어서 반갑더라. 근데 다른 친구들이랑 신발장 이름이 다르던데?

"어, 다른 애들은 한자 이름이야."

"보석이는 한자 이름 아니던데 괜찮아?"

"어."

쿨하게 대답하는 아들을 보고 괜히 엄마가 예민했구나 싶었다. 며칠 후 친한 친구와 통화를 하게 되었다. 친구에게 유치원 신발장 사건을 말하였다. 서운함을 위로 받고 싶었다.

"지현아, 너 너무 예민해진 거 아니야? 아이가 불편하다고 했어?"

"아니. 보석이는 괜찮다는데, 내 마음이 불편해서 그래. 선생님이 바빠서 그러신 거면 내가 한자를 뽑아서 드려야 하나 싶기도 했고."

"야! 송지현. 너 그거 월권이야, 월권. 이러이러해서 속상하다, 이렇게 해주셨으면 좋겠다, 말할 수는 있지. 보석이가 괜찮다며. 그것보다 신발을 넣을 수 있는 자리가 있다는 게 중요한 거 아닐까?"

"…"

나에겐 신발을 넣을 자리가 있다는 사실이 중요하지 않았다. 나라면 중간에 들어온 아이에게 소홀하게 준비하지 않았을 텐데….

선생님이 바쁜 거라면 내가 도와 드릴 수 있는데…. 유치원 업무를 잘 알기에 도와 드릴 수도 있는 것 아닌가 하는 마음으로 가볍게 말한 건데….

야단치듯 하는 친구의 말에 뒤통수를 맞은 느낌이었다. 참으로 생각지 못했기 때문이다. 신발장은 신발을 넣을 자리가 중요하다는 사실을.

어린 시절 남들과 다른 내가 싫었다. 아이의 신발장 이름표가 다른 아이들과 다른 것을 보고 어린 시절의 나, 내 감정을 이입하고 있었던 것이다.

신발장 사건을 통해 세 가지를 깨달았다.

첫째, 문제 안에서 어린 시절의 나를 본다는 점.

둘째, 내가 경험한 일로 인해 남들도 그래야 한다고 여기는 당위성은 위험하다는 점.

셋째, 아이가 겪는 일을 엄마 감정으로 보지 말고 문제의 본질을 보자는 점.

나는 괜찮지 않았지만, 아이는 불편함이 없다고 하니 괜찮은 거다. 아이가 괜찮으면 된 거다.

2

놀아주지 말고 함께 놀자

＊＊＊＊

내가 자란 시절에는 대부분의 아빠들이 가부장적이고 엄격했다. 요즘은 육아에 참여하는 친구 같은 아빠가 대세인 것 같다. 텔레비전 육아 프로그램을 보며 아빠들의 육아 참여도가 높아졌음을 알 수 있다. 우리 남편도 친구 같은 아빠에 가깝다.

아이와 보내는 시간을 힘들어하는 나에 비해 남편은 육아를 쉽게 하는 것처럼 보였다. 아이들과 놀 때 웃음소리가 끊이지 않아 가끔은 질투가 난다. 남편이 아이들과 노는 법을 소개한다.

베란다 창으로 보이는 저녁노을이 참 예쁘다. 늘 같으면서 다르기도 한 하루의 일상이 노을 풍경 같다. 그리고 지친 하루를 위로해 준다. 밖에서 땀 흘리며 놀고 온 두 아들과 남편이 돌아오는 저녁 시간이 반갑다.

딩동~ 소리에 아이들은 현관 앞으로 쪼르르 달려간다.

"다녀오셨어요?"

우리 아이들이 아빠에게 하는 유일한 존댓말이다. 가장의 권위라기보다는 일터에 나가 가족을 위해 애쓴 아빠를 위한 일종의 감사와 환영 인사다. 아이들의 맞이가 좋았는지 일부러 초인종을 누르고 들어온다.

"아빠 왔다~"

내가 참 좋아하는 말이다.

"다녀오셨어요?"

뻔한 이 인사는 변함이 없어서 좋다. 일상을 감사하기로 마음먹은 순간부터 내 식구들이 당연히 나누는 것들이 좋아진다.

"아빠랑 놀고 싶다."

아이들의 단골 멘트다. '놀아줘'가 아니라 '놀고 싶다'라서 좋다.

신랑은 우선 자신의 몸 상태를 본다. 졸리다, 짜증이 난다, 배가 고프다, 하는 자신의 신호를 먼저 알아채고 자신의 욕구를 충족한 뒤 아이들을 대한다.

"아빠 배고프니 밥 먹고 하자."

"아빠 지금 엄청 졸리거든. 긴 바늘이 10에 오면 깨워줘."

이처럼 분명히 말한다. 그리고 아이와의 약속을 지키려고 노력하는 편이다. 처음에는 자기 욕구부터 채우는 이기적인 사람이라고 여겼다.

'조금 참고 놀아주면 안되나?'

아이가 어리다면 아이의 욕구가 우선되어야 하지만, 어느 정도 크면 자신의 욕구도 기다릴 줄 알아야 한다. 나를 먼저 챙기고 가는 육아법을 남편을 통해 배웠다.

남편이 아이들과 놀 때를 유심히 관찰해 보았다.

첫째, 아이들이 좋아하는 것을 활용한다.

아이들이 좋아하는 강아지 인형이 있다. 이름은 로키다. 로키를 활용해 놀면 아이들의 즐거움이 배가된다.

'로키 숨바꼭질'이라는 놀이는 로키를 집안에 숨겨두고, 숨겨둔 아이가 로키를 숨긴 곳을 보물지도로 그려 다른 한 명이 찾는 놀이다. 로키를 찾으면 며칠 만에 만난 사람처럼 쓰다듬으며 안아준다.

지금은 업그레이드되어 시간 타이머를 사용해 긴장감을 높였다. 며칠 전에는 로키를 공으로 활용해 던져 받기 놀이를 했다. 아빠, 엄마 사이에 아이들이 앉은 후 로키를 뺏기면 뺏긴 사람과 자리를 바꾸는 놀이다. 아이가 좋아하는 물건을 활용해 얼마든지 응용할 수 있다.

둘째, 몸으로 논다.

아빠와 몸으로 하는 놀이가 아이들의 사회성 발달에 좋다는 이야기는 많이 들어서 알고 있다. 우리 남편은 아이들과 씨름 같은 건 잘 하지 않아도 행동반경이 적은 놀이는 개발해 낸다.

'아빠 넘어뜨리기' 놀이가 있다. 매트 가운데 앉은 아빠는 눈을 감는다. 아이들이 빙글빙글 돌아가며 아빠에게 잡히지 않고 밀어 넘어뜨려야 한다. 이때 아빠의 손에 잡히게 되면 벌칙을 받는다. 두 아이가 작전을 세워 아빠를 넘어뜨리며 즐거워한다. 그 과정에서 아이들은 땀이 나게 움직이면서도 소리를 내지 않아야 하니 킥킥거리고 아빠의 큰 목소리 리액션에 하하 웃는다.

남편은 바라보고 있던 나를 놀이에 참여시킨다. 힘이 드니 남편은 빠지고 엄마를 넣어 대신하려는 속셈이다. 가운데 앉아 있는 엄마를 넘어뜨리는데, 엄마의 반응이 약해서인지 시시하게 끝나고 만다.

셋째, 아빠가 좋아하는 것을 활용한다.

신체 놀이에 익숙해진 아이들이 자꾸 놀이를 요구할 때 '가족 그림 그리기 대회'를 열었다. 거실 큰 책상에 네 식구가 앉아 그리고 싶은 사람 그림을 그린 뒤 접어둔다. 다 그릴 때까지 기다렸다가 그림을 보고 누구를 그렸는지 맞추는 놀이다. 가족의 모습을 유심히 살펴보는 기회를 통해 서로 간에 사랑을 느끼게 된다.

그 후 앞에 있는 사람 그려주기, 아이들이 좋아하는 팽이 보고 따라 그리기 등으로 놀이가 확장되었다. 마지막으로 남편이 A4 용지에 즉흥적으로 상장을 만들어 상장을 수여하며 놀이를 마무리했다.

남편은 큰아이가 카드 만들기에 빠져 있을 때 카드 속 캐릭터를 그려주기도 했다. 아이는 엄마에게 그려달라고 하다가 내 형편없는 그림 솜씨를 본 뒤 아빠에게 그려달라고 한다. 사실 아이들의 관심은 엄마 아빠의 그림 솜씨가 아니었다. 그보다는 자신들이 좋아하는 것에 부모가 관심을 가져주고 함께하는 시간에 즐거움을 느끼는 거였다.

어린 시절 나는 많이 놀아보지 못했다. 그래서인지 아이들과 놀다가 가끔 색다른 감정을 느끼곤 한다. 잡힐 듯 말 듯한 쫄깃한 느낌, 잡았을 때 느껴지는 쾌감, 자꾸 나만 술래 시켰을 때의 억울함, 높은 미끄럼틀에 올라가 내가 왕이 된 듯한 느낌… 이런 감정 때문에 아이들이 놀자고 하지 않을까.

아이들은 이렇게 재미있는 놀이를 자신들과 제일 가까운 엄마나 아빠와 단지 함께하고 싶은 거다. 조금 더 크면 친구와 노는 게 훨씬 좋을 테니, 아이들이 엄마 아빠 보고 같이 놀자고 하는 것도 한순간이다.

매일 저녁 하루 30분 아이와의 놀이시간

저녁 시간은 하루 중 가족과 보낼 수 있는 최적의 시간이다. 저녁을 먹은 다음 대부분의 가정에서는 무엇을 하고 보낼까.

우리 집에서는 저녁을 먹은 뒤 7시 30분부터 각자 할 일을 한다. 매일 해야 하는 일이 있기에 약속된 시간이 되면 엄마가 먼저 책상에 앉는다. 아이들은 일기 쓰기와 숙제, 수학과 국어 공부를 매일 한다. 할 일을 마친 아이들은 자유시간을 갖는다. 나는 책상에 남아 책을 읽거나 일기를 쓰며 시간을 보낸다.

그러던 어느 날부터인가 가족이 함께 보내는 시간에 정해진 할 일만 하는 아이들을 보니 마음이 좋지 않았다. 가족이 모여앉아 웃을 시간이 부족하다고 느꼈다. 아이들도 마음이 통했는지 보드 게임을 하자고 했다.

저녁 할 일을 마치고 매일 30분 정도 보드 게임을 했다. 보드 게임으로 정한 이유는 온 가족이 둘러앉아 할 수 있기 때문이었다. 신랑은 머리 쓰는 게임보다 단순한 게임을 좋아했지만 우리의 의견을 존중해 주었다.

게임이 뜻대로 되지 않자 작은아이는 토라지기도 했다. 하지만 하루 이틀 지나며 이길 때도 있고 질 때도 있음을 알게 되니 게임에 지더라도 의연하게 받아들이게 되었다. 승부욕에 불타는 아이들의 성향을 파악할 수 있었다.

아이들이 저녁마다 해야 하는 일은 재미를 느끼기 힘들다. 목적의식이 분명해야 활동에 적극적으로 참여한다. 저학년의 경우 숙제며 일기 쓰기며 공부에 몰입하기 쉽지 않다. 그러다 보면 엄마의 잔소리만 늘어난다.

물론 그날그날 할 일을 마쳐야 하겠지만 우리는 가족이 함께하는 시간을 소중히 하기로 했다. 하루 30분이라는 시간이 매일 반복되다 보면 아이들도 습관이 되어 숙제를 즐겁게 임하지 않을까 싶다. 아이들이 좋아하는 것이든 부모가 좋아하는 것이든 아이와 함께하는 시간을 꾸준히 가져보고 싶다.

아이들이 원하는 건 친구들이 다녀온 특별한 장소로의 여행보다 가족의 웃음 속에서 행복을 찾는 일이 아닐까? 남의 기준으로 행복을 찾지 말고 아이 기준에서 행복을 찾아가는 기회를 주는 것이 부모의 역할인 것 같다.

3

아이의 부족한 점, 아이의 괜찮은 점

****

그동안 아이를 키우며 나는 아이의 부족한 면만 보았다. 아니 부족함만 보였다. 다른 아이들과 비교하지 않는다고 하였지만, 마음이 늘 불안했다. 그래서 아이한테 잘하고 있는지 의심하고 주변 지인들에게 묻곤 했다.

오랜 지인이자 유아교육의 멘토였던 언니는 육아에 자신감을 갖는 게 첫 번째 할 일이라고 조언해 주었다. 자신감이라는 말을 들었을 때 무언가 들킨 기분이었다.

나는 자신감이 부족하다. 도전정신이 없다. 의지력도 약해 누군가의 도움 없이는 아무것도 하지 못한다. 작은 결정 하나도 신랑의 허락이 있어야 한다. 나의 부족한 점을 들키고 나니 더 작아진 것 같았다.

스스로를 믿지 못하니 아이를 키우는 데 확신이 없었다. 좋다는 교육은 쫓아가 고개를 끄덕이며 배웠지만 실행은 하루뿐이었다. 그런 생활에 마침표를 찍고 싶었다.

스스로의 부족한 면만 보였으니, 내 아이를 보는 시선도 부족함이었다. 엄마 10년차에 아직 서툴러도 괜찮다고 위안 삼기에는 계면쩍다. 엄마 나이 1살, 2살 때나 하는 말인 것 같다.

그럼 이렇게 말해 본다. 아이 2학년, 엄마 2학년이라고. 그러면 완벽하지 않는 나에게 조금이나마 힘이 될까?

아이가 초등학교에 들어가서 처음으로 학습발표회가 있던 날이다. 작은 인형 꽃다발을 사들고 학교에 갔다.

조금 늦게 도착하였지만 30명의 아이 중 내 아이가 눈에 들어왔다. 아들은 '엄마가 드디어 왔구나' 하는 표정으로 수줍게 웃어주었다. 담임선생님의 지시를 척척 해내는 아이들을 보며 많은 연습과 노력이 있었구나 싶어 대견했다. 율동과 동극에서 최선을 다하는 아들을 힘껏 안아줘야지 생각했다.

모든 순서가 끝나고 부모와 만나는 시간, 내게 다가온 아이는 울고 있었다.

"왜 그래? 아들 너무 잘했는데."

"…"

아무 말 없는 아들을, 서럽게 우는 아들을 마음을 다해 포근하게 안아줄 수 없었다.

'얘가 창피하게 왜 이래. 누가 보면 엄마가 못했다고 야단친 줄 알겠다. 엄마랑 다시 헤어지는 게 싫어서 그러나? 이제 그만 할 때도 됐잖아!'

내 마음이 말하고 있었다. 아이 친구와 엄마들이 무슨 일이냐 며 묻는다. 담임선생님은 아이와 산책을 하고 교실로 보내달라고 하였다. 나는 얼른 이 상황을 모면하고픈 마음이 들었다.

아이와 산책을 한 뒤 교실로 들여보냈다. 아이의 부족한 모습 에 자책이 시작되었다.

'아이에게 불안한 사랑을 주어서 그래. 애착! 애착! 그놈의 애 착!!!!!'

큰아이에게 꼬리표처럼 따라다니는 애착을 떼어내고 싶다. 애 착은 나에게 죄책감이다. 정서적 교감이 부족했던 거 인정한다. 하지만 이제 여덟살인데… 그만할 때도 된 거 같은데….

저녁 일기 쓰는 시간이었다. 일기를 쓰기 싫어하는 아이에게 대화 일기를 요청했다.

엄마: 근데 보석아. 학교에서 왜 울었어?
아이: 슬퍼서.
엄마: 왜 슬펐어?

아이: 엄마랑 같이 집에 오고 싶었는데. 그렇게 못해서.

엄마: 그랬구나. 보석이가 우니까 엄마가 당황스러웠어. 눈물이 날 때 엄마가 어떻게 하면 좋겠니?

아이: 그냥 안아주면 좋겠어.

정말 나는 몰랐다. 정말 나는 아이의 눈물이 당황스러웠다. 그래서 솔직하게 아이에게 물었다. 아이는 안아주면 좋겠다고 답을 했고, 그 답이 아들과 나 사이 관계의 해답이었다.

아이 입장이 되어보았다. 눈물이 나는 자신을 엄마는 당황스러워한다. 자신의 감정을 이해 받지 못했다. 감정을 받아주는 것은 자신의 모습을 있는 그대로 인정하고 받아주는 일이다.

'엄마, 그냥 나를 있는 그대로 안아주세요. 내가 눈물이 나면 슬픈 거예요. 내가 슬플 때는 안아주면 좋겠어요.'

마음이 아팠다. 슬퍼하는 아이를 가슴으로 안아주지 못했다. 아이를 통해 나는 또 한 가지를 배웠다.

아이의 겨울방학이 시작되었다. 엄마와 놀아달라는 아이에게 무엇을 하고 싶냐고 물었다. 카드 만들기를 같이 하자고 하였다. 흔쾌히 알았다고 했다.

종이를 카드 크기에 맞게 오리고, 연필로 줄을 긋고, 어떤 카드를 만들고 싶은지 캐릭터 이름을 정하고⋯ 아이가 하는 대로 따라 했다. 얼마 전 보았던 슈퍼맨, 배트맨, 아쿠아맨이 나오던 영화를 떠올리며 카드 이름짓기에 엄마의 생각을 덧붙이니, 생각이 더욱 풍성해지고 함께 즐길 수 있었다.

엄마와 함께하는 과정에서 즐거움을 느끼는 아이를 보며 많은 생각이 들었다. 아이에게 더욱 의미 있는 일은 부모와 '같이' 한다는 것을 느끼는 일이었다.

내 아이의 괜찮은 점을 생각해 보자. 꽤 많다는 걸 느낄 수 있다.

아이는 자신이 좋아하는 카드를 만들며 다양한 캐릭터를 만들어 낸다. 집안은 엉망이 되지만, 아이는 자율적인 놀이 안에서 자신이 좋아하는 것을 찾고 주도적으로 자신만의 세계를 만들어간다.

아이는 캐릭터를 모방하여 따라 그리기만 하는 것이 아니다. 아이디어를 내기 위해 관찰력을 키우고, 몇 장 만들었는지 수 세기도 하고, 공격력이 누가 강한지 비교해 보기도 한다. 수의 개념이 확장되고 읽기도 스스로 하게 되었다. 교육적 효과가 전혀 없을 것 같은 활동이지만, 손으로 쓰고, 그리고, 오리고, 모르는 글자를 찾아본다.

"이 카드를 전시해 놓으면 어떨까?"

오늘 카드를 120장 만들었다며 아이가 불쑥 전시 이야기를 꺼냈다.

"좋은 생각이야~ 작품 전시회처럼, 미술관에 화가들이 자신의 그림을 전시해 놓은 것처럼 만든 카드를 전시해 두고 친구들을 초대해도 좋을 것 같다."

맞장구를 쳐주자, 아이는 누구누구를 초대하면 좋겠다고 하였다. 나는 친구들이 좋아하는 음식을 준비해 주고, 사회자가 되어 어떻게 카드를 만들었는지 카드 만드는 법을 소개해 주고, 캐릭터 이름은 어디에서 아이디어를 얻었는지 소개하며 놀면 좋겠다고 호들갑을 떨었다.

> 아이의 부족한 점을 먼저 보면, 아이는 부족한 아이가 되고
> 아이의 좋은 점을 먼저 보면, 아이는 괜찮은 아이가 된다.
> 남편의 부족한 점을 먼저 보면, 부족한 남편이 되고
> 남편의 좋은 점을 먼저 보면, 괜찮은 남편이 된다.
> 나의 부족한 점을 먼저 보면, 부족한 엄마가 되고
> 좋은 점을 먼저 보면, 괜찮은 엄마가 된다.
> —김지영 〈습관육아〉

아이의 부족한 면을 고치려고 노력하기보다 좋은 점을 발견하고 격려해 주기가 훨씬 쉬웠다.

아이의 부족한 면보다 괜찮은 면을 먼저 보려면 엄마 자신부터 부족함과 죄책감을 버려야 한다. 자신감 없는 엄마지만 그럼에도 불구하고 내 아이의 세상 어디에도 없는 하나뿐인 엄마다.

　나를 있는 그대로 바라보고, 나도 꽤 괜찮은 엄마가 될 수 있으리라 다짐해 본다. 그럼 내 아이의 부족한 부분이 편안하게 느껴지고 괜찮은 점이 보인다.

4

글쓰기로 마음 돌보기

＊＊＊＊

아이가 일곱 살 2학기에 접어들면서 매주 금요일에 그림 일기장을 가지고 왔다. 주말 동안 그림일기를 작성하여 월요일에 유치원에 가져가야 한다. 일기 쓰기를 하는 시간마다 아이도 나도 스트레스를 받았다.

아이는 무엇을 써야 할지 어려워했다. 그림 그리는 데 에너지를 다 소모해 글씨 쓰기에 싫증을 냈다. 글씨를 쓰는 와중에 엄마는 아이의 감시자가 되어 가만있질 못한다. 그런 상황이 반복되어 서로에게 스트레스였다.

아이가 처음 일기를 쓴 내용이다.

제목 : 실내 놀이터에 간 날
유치원 끝나고 형이랑 별이랑 해피누리에 갔다. 엄마가 음료수를 안 사줘서 기분이 안 좋았다. 방방 타는 것이 제일 재미있었다.

깍두기 노트에 글씨 하나 안 틀리고 띄어쓰기까지 완벽히 적었다. 맞춤법에 맞게 엄마가 알려준 글씨를 보고 적은 거다. 매주 하는 일기 쓰기는 아이에게도 나에게도 노동에 불과했다.

일기 쓰기의 본질을 잊고 매일 숙제라는 이유로 할 수 없이 하는 게 싫어졌다. 새로운 방법이 필요했다. 지인에게 일기 쓰기를 어떻게 지도하느냐고 물으니, 아이 일기 쓰기 시간에 엄마도 일기를 같이 쓰라고 하였다.

한 번도 내 일기를 쓸 생각을 하지 못했다. 아이가 쓰는 것을 앞에서 감시하기만 하였다.

나도 일기를 써보았다. 어색했다. 초등학교 이후로 손으로 일기 쓰기는 처음이었다. 일곱 살 아이에게 일기 쓰기가 얼마나 어려웠을지 이해되었다. 다그치던 내 모습도 반성되었다.

일기를 쓰려고 책상에 앉은 아이가 묻는다.

"엄마 뭐 써?"

"오늘 무슨 일 있었지? 마트 다녀오고 놀이터에서 놀고. 그 중에서 생각나는 거 써봐."

아이가 무엇을 쓰느냐고 묻는 건 두 가지 이유였다.

첫째, 어떤 것을 적든 엄마 마음에 안 들면 다시 해야 하니 묻는다.

둘째, 진짜 무엇을 써야 할지 모른다.

온전한 아이 몫이 되어야 할 것을 그동안 내가 해주고 있었다. 그때 아이의 글쓰기에 관한 책에서 읽은 오감을 기억해 보라는 글귀가 생각났다. 아이에게 무언가를 만져본 기억, 먹어본 기억, 눈으로 본 기억, 냄새 맡은 기억, 내가 들은 소리를 눈을 감고 떠올려보자고 하였다. 그리고 나는 내 일기를 적고, 아이의 일기 쓰기에는 신경을 쓰지 않았다.

그날 아이가 적은 일기다.

2017년 2월 5일 일요일

제목: 맛있는 붕어빵

오늘 내새배돈으로 붕어빵을 샀다 맛있었다 단팥이랑슈쿠림 맛을먹었다 다음에도먹어는데슈쿠림 맛이오렌지맛이었다 그래도 맛있었다 다음에도 또 먹고싶다.☆

오감에 관해 이야기를 해주니 맛에 대해서만 나열했다. 맛있었다가 전부였지만 아이의 글을 격려했다. 같은 내용이어도, 서툴러도 술술 적어 내려간 것을 알 수 있다. 처음 쓴 일기보다 훨씬 자연스럽다. 맞춤법이 신경 쓰일 때는 다 쓴 후에 아이에게 읽어보라고 하고 이상하다는 것을 발견할 때, 엄마가 틀린 글자를 자연스레 알려주면 된다.

초등학생이 된 후 그림 일기장에 이어서 일기를 계속 쓰도록 하였다. 글쓰기 책에는 다양한 형식의 일기가 소개되어 있었다. 그림일기, 만화 일기, 상상 일기, 독서 일기….

이름 붙이기 나름이었다. 아이는 한동안 상상 일기에 빠져 있었다. 계속 상상 일기만 적는 아이가 걱정스러웠다.

상상 일기의 내용은 주로 전쟁이었다. 전쟁이 나고 싸우고 이기는 이야기였다. 그 시기가 지나니 만화 캐릭터에 빠져들었다. 만화 캐릭터를 그리고 그 캐릭터를 좋아하는 이유를 적었다.

이러다 자신만의 세계에 갇히는 것은 아닌가 염려됐지만 좀 더 지켜보았다. 몇 달간 이런 시기를 겪더니 다시 생활 일기로 돌아와 자신의 하루를 생각해 보고 글로 적기 시작했다. 엄마의 조급함을 내려놓고 기다려주니 아이는 다시 돌아왔다.

일기 쓰기가 싫거나 힘들다고 한 날은 일기의 형식을 간소화하였다. 무조건 매일 써라 하지 않고 융통성을 발휘했다. 아이에게 궁금한 점을 엄마가 먼저 묻기도 하고, 반대로 아이가 묻기도 한다. 대화 일기를 쓴 날이다.

아이: 엄마는 왜 책을 매일 봐?

엄마: 재밌으니까.

아이: 난 재미없던데….

엄마: 엄마도 처음엔 재미없었는데 보다 보니 재밌더라~.

아이: 응.

엄마: 보석이도 만화책 좋아하잖아?

아이: 엉. 만화책은 재미있어.

엄마: 왜 재미있는데?

아이: …

이렇게 아이와 대화를 이어나가기도 한다. 형식의 틀에서 벗어나면 자유롭게 생각을 표현할 수 있는 기회가 된다. 너무 피곤한 날은 자기 전에 잠자리에서 말로 일기를 쓰기도 한다.

작년 겨울부터 글쓰기 수업을 듣고 노트북 앞에 앉아 있는 시간이 잦아졌다. 아이는 빠르게 타자 치는 모습이 좋아 보였는지 자신도 컴퓨터에 글을 쓰고 싶다고 한다.

허락했다. 워드로 글을 쓰는 게 더 느리고 손 글씨를 쓰게 하고 싶었지만, 아이의 새로운 시도를 격려해 주었다.

아이가 좋아하는 강아지 인형에 대해 쓴 글이다.

나는 로키를 좋아한다. 나는 항상 로키를 끝없이 좋아하고 목욕도 시켜준다

하지만 나는… 여행갈땐 가끔 놓고간다. 하지만 나는 좋아한다고 별이〈동생〉

한테 말을했다.

엄마는 로키를 조금 좋아하는 것 같다. 아빠는 좀... 좋아하는거같다.

하지만 호키,키키도좋지만 로키가 최고다. 로키 1등 키키 2등 호키 3등 이라고치면 됀다.

그래도 호키가 불상하다. 하지만 애들은 인형이다. 로키를 0등이라고해도될거 같다.

그리고 로키파워 란 애니매이션도 만들어 받다. 1 2 3 4 5 6 7 8 9 도 알고 국어,수학 등을 알려주고싶다.

하지만...로키는 더럽고 털이 빠진다. 하지만 부드럽고,귀엽다.

나는 로키의 집을 책으로 만드러 주었다. 하지만 엄마,아빠가 정리하라고 잔소리를 한다.

나는로키,키키,호키,규키,기키,오키,므키,르키 등 이름을 만들었다.

별이는 항상 나한테 로키를 들고 말한다. "형아는 로키 싫어하지?!" 라고 로키 말로 해준다.

나는 로키가 좋은데 계속 별이는 왜 싫어하냐고 하는걸까?

그 말을 할때부터 나는 화가난다. 가슴이 찢어지듯이... 그래서 나는 다짐했다.

화를 안내고 이유대고 말하려고 노력한다. 만약 로키가 살아나면...

로키의 마음은 따뜻하면 좋겠다.

아이는 며칠에 걸쳐 이 글을 쓰고 있었다. 동생의 말에 화가 나고 가슴이 찢어질 듯이 아프다는 표현, 로키가 살아난다면 따뜻한 마음이면 좋겠다는 글에 코끝이 찡해 온다.

아이에게 소중한 존재를 귀하게 대해 주지 못했다. 매일 가지고 다니는 인형을 반려견처럼 대하는 아들에게 더럽다고 늘었다고만 했다. 그때마다 아이는 마음이 아팠을 것이다. 아이에게 다가가는 방법으로 아빠는 로키를 활용해 함께 놀아주었다. "아빠는 좀 좋아하는 거 같다"는 글귀 속에 아이의 마음이 표현되어 있다.

일상을 글로 옮기기에는 어려움이 있지만, 자신이 좋아하는 것을 주제로 삼으니 술술 적는다.

그림일기의 핵심은 얼마나 글을 잘 쓰고 그림을 잘 그리느냐가 아니다. 하려는 이야기와 감정을 마음껏 담아내는 데 있다. 맞춤법에 맞춰 쓰기보다 한 줄을 쓰더라도 자신의 생각을 글로 나타내는 게 중요하고, 색칠을 하느냐 안하느냐보다 그림 속 인물의 표정이나 마음이 더 중요하다.

송주현 선생님의 책 〈나는 1학년 담임입니다〉에서 본 글이 딱 내 마음과 같아 이렇게 말해 주어도 아이는 "엄마, '앉다'는 아에

다 무슨 받침이야?"라고 몇 번을 묻는다. 학교 국어 교과 시간에 일기 쓰기를 배울 때 정해진 규칙이 있어서 그런 것 같다. 또한 칭찬 받기 위한 목적이지 않을까 싶다.

나는 일기 쓰기의 의미는 '하고 싶은 말을 솔직하게 털어놓기'라고 했다. 그리고 보지 않는다고 약속했다. 하지만 엄마는 그 약속을 가끔 어기고 일기장을 넘겨본다. 어떤 날은 엄마를 축구공으로 만들어 뻥 차 날려 버린다고 표현했지만 뿌듯했다. 감정을 솔직히 표현했으니까 됐다.

큰아이는 일기를 쓰고 나서 만족스러우면 책상에 꼭 펼쳐놓는다. 그런 날은 일주일에 몇 번 되지 않지만, 엄마가 내심 봐줬으면 하는 마음이다.

"여행 갔을 때를 어쩜 그리 잘 기억했어? 글로 옮겨 적으니 여행을 다시 간 것처럼 생생하게 느껴진다~!"

"그치. 근데 글씨도 잘 썼지?"

"그럼, 반듯하게 아주 잘 썼어. 글씨는 마음을 나타낸다고 들었는데, 네 글씨를 보니 마음이 보이는데!"

엄마가 굳이 아이의 일기를 평가해 줄 필요는 없다. 하지만 내 아이처럼 의도적으로 펼쳐놓는다면 칭찬과 격려의 말을 보내주는 것이 좋다.

이은대 작가의 〈내가 글을 쓰는 이유〉를 읽고 나도 한번 글을 써보자 마음먹었다. 감정 정리가 되지 않는 날 친구에게 이야기하듯 상황 그대로를 적어보았다. 들끓는 감정이 가라앉음을 느낄 수 있었다.

왜 화가 나는지도 알게 되었고, 무엇이 문제였는지도 보였다. 내가 아이에게 전하고 싶은 일기나 글쓰기가 바로 이것이었다. 상황과 감정을 토해 놓으면서도 종잡을 수 없는 마음을 알아가기 위해서다. 나의 역사책은 일기장이다. 가끔 아이에게 내 글을 읽어주기도 한다. 물론 아이가 궁금해 할 때만 들려준다.

아이와 일기 쓰기 시간에 엄마가 할 일은 내 일기 쓰기다. 아이에게 짜증내지 않고, 아이의 생각을 묵살시키지 않고, 아이의 글쓰기 흥미를 떨어뜨리지 않으려면 꾸준히 내 것만 열심히 쓰면 된다.

아이의 글쓰기 능력이 자연스레 향상될 것이고, 엄마도 한 걸음 성장해 나갈 것이다.

5

책과 친구처럼 지내자

****

독서가 중요하다는 것은 누구나 알 것이다. 나 역시 독서모임
을 통해 독서의 중요성을 알게 되었다.

나는 독서를 내 삶에서 여러 가지 좋은 것 가운데 하나라고 여
긴다. 살아가며 좋은 것들은 많다. 개인마다 자신에게 힘이 되는
것은 다르다. 엄마로 살며 내 삶에 의미를 부여해 주는 것은 독서
와 글쓰기였다.

내가 좋았기에 아이들에게 책의 가치를 전해 주고 싶었다. 하
지만 엄마의 지나친 욕심 때문에 아이들이 오히려 책을 거부하
는 현상을 보였다. 우리 아이들에게 책은 늘 가까이 있는 친구 같
은 존재가 되었으면 좋겠다.

다소의 시행착오를 통해 책과 가까워지는 우리 집만의 방법을
찾게 되었다.

첫째, 도서관에 주기적으로 가기

"도서관 가자~"

"에이~~ 가기 싫은데."

아이들이 싫다고 해도 참 꾸준히 다녔다. 내 책, 아이들 책을 20권씩 빌려 양손 가득 나르곤 했다.

우리 가족은 일주일에 한 번 혹은 이 주에 한 번씩 도서관에 간다. 책에 관심이 없던 아이들은 도서 검색 코너에서 책 찾아보기를 했다. 책보다는 컴퓨터에 관심이 있었다.

처음에는 좋아하는 책만 검색하다 보니 매번 검색하고 찾는 책이 같았다. 만화 캐릭터를 좋아하는 아이는 매주 코코몽, 뽀로로를 검색한다. 그래도 격려해 주었다. 그 과정이 지나니 빌려온 책중 재미있던 책의 저자를 저자 이름으로 검색해 그 저자의 다른 책을 빌리게 되었다.

요즘 새로 생긴 도서관에는 없는 게 없다. 아이 취향에 맞게 예쁘게 인테리어해 놓은 열람실은 물론 매점, DVD실, 컴퓨터 사용방, 안락한 공간 등이 갖추어져 있다. 아이들의 조용한 탐험 장소로 제격이다.

우리 아이들은 책 보는 건 좋아하지 않지만, 도서관 매점에서 컵라면과 과자 사 먹기를 즐겼다. 도서관이라는 공간과 친해지기까지 시간이 좀 걸렸다.

잊지 말아야 할 것은 놀고만 가지 말고 엄마가 골라서라도 책은 꼭 빌려 가야 한다. 아이들이 싫어한다고 포기해 버리면 안된다. 꾸준히 하면 습관이 된다. 아이들은 환경에 쉽게 적응한다.

둘째, 책 구입하기

집에 있는 전집은 아이들의 큰 흥미를 끌지 못했다. 도서관에서 스스로 골라온 책에 더 집중하고 관심을 가졌다. 빌려온 책 가운데 아이들이 소장하고 싶은 책이 생기기 시작했다.

그런 책들을 사주었다. 택배 아저씨를 기다리며 책을 받고 기뻐하는 아이의 모습을 보게 되었다. 책을 사줘야 하는 이유는 내것이 되는 경험을 통해 책과 더 가까워질 수 있기 때문이다.

셋째, 책과 친해지는 시간 주기

책과 친하지 않은 엄마가 책을 보려니 참 재미없었다. 아이들이 책과 친해지게 하는 최고의 상황은 심심할 때이다. 요즘은 눈이 번뜩이는 시각 자료들이 매우 많다. 게임이나 동영상에 깊이 빠지면 책을 가까이하기 어렵다. 아이가 어릴수록 시청각 매체보다 책을 읽어주는 게 좋다.

우리 아이들은 책으로 참 많이 놀았다. 책을 이용해 도미노를 만들고, 빙글빙글 돌다가 책 제목을 부르면 먼저 잡는 게임, 좋아하는 인형의 집이나 미로 만들기 등 놀잇감으로 책을 활용했다. 아이들이 자라니 더 이상 책을 이용한 놀이는 하지 않는다. 책을 놀잇감으로 활용하던 시간은 책과 친근해지는 시간이었다.

넷째, 집안 환경 조성하기

이제 본격적으로 책이라는 바다에 빠져야 한다. 집안 환경이 책보다 흥미로운 것들이 많으면 어려움이 있다. 우리 집의 경우 TV를 방으로 옮기고 거실을 서재화하였다.

퇴근하고 돌아온 신랑은 습관적으로 텔레비전 리모컨을 만졌다. 가족이 함께 모이는 시간에 텔레비전만 바라보고 있는 게 아쉬웠다. 그래서 가족이 가장 오랜 시간을 보내는 공간에 텔레비전 대신 책장을 두기로 했다.

아이들 침대 옆에도 책을 꽂아두고 화장실에도 꽂아두었다.

소파 옆에도 작은 테이블을 두고 책을 올려놓았다. 의도가 느껴지지 않도록 무심한 듯 해두는 게 좋다.

다섯째, 내 아이의 흥미 파악하기

아이들이 관심을 두는 분야가 시기마다 다르다는 걸 알게 됐다. 작은아이는 유치원에서 아시안 게임이라는 주제로 활동할 때 운동경기에 관심이 증폭되었다. 집에 와서도 운동경기를 주제로 대화를 나누었고, 야구를 배우고 싶다, 나가서 축구 하자며 조르곤 했다.

아이에게 관심 분야가 생겼을 때 도서관이나 서점에 가서 책을 고르게 하면 책과 가까워지는 절호의 기회다. 편독이 염려될 수는 있다. 내 아이는 학습만화에 빠져 있었고, 좋아하는 나무집 시리즈만 읽고 또 읽었다. 편독은 읽고 또 읽는 것이 아이에게 무언가 의미가 있기 때문이다.

박기복 작가의 〈토론하는 거실, 글쓰기 식탁〉에서 편독을 장려하는 글을 옮겨본다.

많은 사람들이 책을 골고루 읽으라고 한다.

편독은 일정한 책을 향한 주체 못할 끌림이다.

편독은 자연스러우며 반가운 태도다.

편독에 빠진 아이는 책을 사랑한다. 책을 미치도록 사랑하는데 무엇이 문제겠는가?

편독은 집중이다. 집중해서 한 분야에 빠져드는 집요함이다. 편독을 한다 싶으면 편독을 더욱 많이 하게끔 권장해야 한다. 그리하여 끝을 보게 하라. 골고루 읽어야 한다는 환상에서 벗어나야 한다. 사람은 당연히 끌리는 것이 있기 마련이고, 끌리는 것을 충분히 즐기기에도 인생은 짧다. 특히 어린 시절은 더욱 짧다.

여섯째, 잠자리 독서

아이가 어렸을 때부터 꼭 해준 한 가지가 있다면 바로 잠자리에서 책 읽어주기였다. 아이들이 자기들 방에서 잠을 자기 시작하며 그만둘까를 고민했지만, 잠들기 전 엄마가 읽어주는 습관에 길들여진 아이들은 책을 골라 침대에 누웠다.

그동안 내가 해온 잠자리 독서는 말 그대로 잠자기 전 일종의 의식에 불과했다. 몸이 피곤한 날 "또, 또!!!"를 외치던 아이들에게 빨리 자자며 짜증도 냈다. 줄줄 글자를 읽고 "끝!" 하고 외치며 빨리 불끄기만을 바랐다. 이런 나의 가짜 책 읽어주기는 시간 낭비에 불과했다.

독서모임을 하고 책에 대한 마음가짐이 달라지자, 책을 읽어주며 아이가 말하는 그림과 내용 속에 함께 머물 수 있었다. 매일 잠자리에서 책을 읽어주는 것은 책의 내용을 전달하기보다 엄마의 부드러운 목소리를 통해 안정을 찾고 사랑을 나누는 일이라는 것을 실천 중이다.

큰아이는 비교적 틈틈이 독서를 한다. 책을 읽으며 즐거움을 찾고 혼자서 낄낄거릴 때 뭐가 그리 재미있는지 묻기도 한다.

나도 가끔 책을 읽으며 "여기 터닝메카드가 나왔어. 엄마 책에" 하며 보여준다. 아이들에게 공감 가는 내용이 있으면 이야기해 주며 책과 친해지는 중이다.

6

아이 1학년, 엄마 1학년

＊＊＊＊

"딩동~"

집에 벨이 울려 나가니 통장 분이 취학통지서를 건넸다.

'드디어 올 것이 왔구나.'

아직 어리기만 한 내 아이가 1학년이 된다니 믿기지 않았다. 아이는 책가방을 살 기대에 부풀어 오르고, 나는 처음 엄마가 되는 순간처럼 어리둥절하기만 했다.

초등학교 입학식에 갔다. 이름이 적혀 있는 책상에 앉는 아이가 대견스러우면서도 언제 이렇게 자랐을까 싶었다. 아이의 눈으로 바라본 학교와 교실은 어떤 느낌일까. 당장 내일부터 혼자 학교에 와서 지낼 아이가 기대도 되고 걱정도 되었다.

아침마다 아이를 학교에 데려다주었다. 교실 창문 밖에서 아이가 자리에 앉는 것을 확인하고 손을 흔들었다. 가끔씩 아이는 눈물짓기도 했다. 아직 적응 기간이니 그럴 거야, 유치원과 다른 환경이니 시간이 걸리는 건 당연하다고 여겼다.

대부분의 엄마들은 한 달쯤 지나면 아침에 데려다주기를 그만 두었다. 우리 아이는 한 학기가 되도록 엄마가 함께 가기를 원했다. 이제 혼자 갈 때도 되었는데….

그러다 보니 작은아이는 큰아이 시간에 맞춰 너무 이른 시간에 유치원에 등원하게 되었다. 작은아이의 등원 준비가 늦기라도 하면 '너 때문이라며' 타박하는 큰아이가 마뜩치 않았다. 탓하는 습관과 스스로 학교에 가지 않는 아이를 언제까지 기다려줘야 하는지 조급증이 생겼다.

두 아이와 등굣길을 오르는데 어느 날부터인가 아이는 친구들 무리가 있으면 함께 섞여 가곤 했다. 친구들과 같이 가는데 굳이 엄마가 따라갈 필요가 있나 하는 마음이 들었다.

아이가 스스로 "나 이제 혼자 갈게" 하고 말해 주기를 기다렸지만 아이는 그럴 기색을 보이지 않았다. 아마도 내 표정 속에 불안과 초조가 묻어났을 것이다. 진심으로 느긋하게 아이의 선택을 존중해 주지 못해 그 시간이 더디 오래 걸렸던 것 같다.

2학기의 어느 날 아이는 선언했다.

"나 이제부터 혼자 갈게!"

그렇게도 듣고 싶던 말을 듣게 되었다.

사람이 멀리 내다보며 깊이 생각하지 않으면, 반드시 가까운 일에 근심이 있다.

공자의 말씀이다.

나는 늘 눈 앞에 보이는 문제가 전부인 양 즉시 해결하기 위해 발을 동동 굴렀다. 엄마가 한 학기 동안 학교에 데려다 준 일도 '남들처럼 혼자서 씩씩하게 학교 가지 못하면 어쩌나?' 하는 엄마의 조바심에서 출발했다.

'쟤는 아직도 엄마가 데려다 주네!'

남들이 눈으로 말하는 듯했다. 내게 중요한 것은 남들의 시선보다 내 아이의 마음이다. 아이 마음의 속도에 맞춰가는 것이 엄마를 택한 내가, 내 상황에서 할 수 있는 전부다.

아이가 학교 가는 뒷모습을 바라보았다. 내가 바라던 모습이라서 아이가 더 늠름해 보이는 것은 아닐 것이다. 아이의 존재가 엄마의 눈에 언제까지나 사랑이었으면 하고 바랐다. 공부를 잘해서, 칭찬을 받아서, 친구들에게 인기가 많아서 좋은 게 아니라, 그냥 내 아들이니까, 내 아이니까 사랑스러운 거다.

그동안의 나는 존재 사랑을 잘 몰랐다. 모든 존재는 그 자체로 훌륭하다는 것을 아이를 키우며 깨닫게 되었다.

유치원에서 초등학교로 향하는 길은 아이가 더 큰 사회로 나아가는 발걸음이다. 엄마의 굳은 마음이 필요하다. 나는 아이처럼 1학년 학부모가 처음이었기에 주변의 반응과 말에 흔들렸다.

반 모임에 꼭 참석하려 했고, 아이들 생일 파티를 해주자는 의견에 내 아이만 친구들 사이에서 어울리지 못할까봐 찬성했다. 두세 달 만에 열리는 생일 파티 자리에 가서 내 아이가 친구들과 잘 놀면 나도 같이 웃었고, 아이가 심심해하거나 친구들에게 이끌려 다니면 나도 아이와 같은 마음이었다.

아이가 1학년에 적응해 가는 것처럼, 나 역시 1학년에 적응해 가는 과정이었다.

1학년 첫 상담이 있던 날, 담임선생님을 뵈러 갔다. 1학기였고 아이는 학교생활에 큰 재미를 느끼지 못하고 있었다. 보건실에 다녀왔다는 말도 자주 듣고 있는 터라, 잘 적응하는지 궁금했다.

담임선생님은 내 아이를 좀 특별하다고 표현하셨다. 오랜 교직 생활을 해오셨지만 우리 아이 같은 아이는 처음이라고 말씀하셨다. 충격이었다.

"학교에 오면 어깨가 축 처져 있어요. 제가 어깨를 만져보면 힘이 하나도 없어요. 혹시 집에서 어떻게 지내나요?"

"집에 오면 태권도 다녀오고, 6시까지 밖에서 놀기도 해요. 대부분 놀아요."

"아, 그렇군요. 저는 보석이가 학교에서 기운이 하나도 없기에 오후에라도 햇볕 받으며 뛰어놀았으면 좋겠다고 생각했어요."

무엇이 문제였을까. 내 아이는 학교에 적응하는 과정이 쉽지 않았다. 지금 돌이켜보면 1학년의 과정을 잘 이겨내 준 아이가 고맙다.

아이가 1학년에 적응하는 과정은 아이마다 다를 것이다. 내 아이는 학교를 정말 싫어했다. 지금은 너무 잘 다니고 즐거워한다.

담임선생님은 엄마들에게 소문 날 정도로 좋은 분이셨다. 선생님 때문에 학교 다니기가 힘든 것이 아니라, 학교라는 시스템이 아이에게 낯설었던 것이다.

1학년 때는 학교가 어떤 곳인지 알고 적응하면 된다고 보았다. 아이는 학습에서 오는 자신감이 떨어져 있었다. 특히 수학 과목을 힘들어하였다. 점수가 좋게 나오지 않자 자신감이 떨어지며 '세상에서 수학이 제일 싫어' 하는 반응을 보였다.

1학년에 벌써 수포자가 되면 어쩌나 하는 불안감이 들었다. 아이의 어려움을 돕기 위해 함께 복습하며 원리를 설명해 주었다. 나는 느리더라도 개념 이해가 먼저라고 생각했다.

하지만 내 방식은 효과적이지 못했다. 풀이 과정을 이해한 다음 그 과정을 아이에게 설명해 보도록 하는 방식은 가뜩이나 어려운 수학을 더욱 어렵게 느끼게 만들었다. 나는 어려운 과정에 부딪혀 스스로 이겨내는 아이로 키우고 싶었다.

그것은 아이가 학습에 대한 자신감이 떨어져 있는 상황을 무시한 내 식의 방법으로 아이에게는 받아들여졌다. 우리는 늘 줄다리기를 할 수밖에 없었다. 아무리 좋은 학습법이어도 내 아이의 상황에 맞는지 잘 알아야 하는 이유다. 그 과정에서 나에게 돌아온 답은 '내 아이 제대로 알기'다.

1학년을 마치는 날 담임선생님께 문자 메시지를 보냈다. 선생님 말씀처럼 평범하지 않던 내 아이에 관심을 가져주고 잘 이끌어주어 진심으로 감사했다. 선생님은 아이의 특별함을 인정하고 더 키워주면 뜻을 발휘할 수 있을 거란 긍정의 답신을 보내주셨다.

일 년 동안 아이를 학교에 보내며 내 마음도 아이와 같았구나 싶었다. 이제야 우리는 적응이 되어가고 있었다.

아이가 1학년이면 엄마도 1학년이다. 학습에 관심 없던 나는 아이의 성장속도에 맞춰 관심을 가져간다. 우리는 함께 성장 중이다.

7

엄마 꿈을 위해 너의 도움이 필요해

＊＊＊＊

출판사와 계약을 하고 원고 마감일이 다가오자 마음이 분주해졌다. 아이들이 학교와 유치원에 간 시간에 척척 해내고 싶지만, 글이란 게 마음먹은 대로 써지지도 고쳐지지도 않았다.

글 쓰는 시간을 좀 더 확보하기 위해서는 아이들과 신랑의 도움이 절실했다. 신랑은 주말 동안 아이들과 함께해 주었다. 평일은 아이들의 협조가 필요했다.

"얘들아, 엄마 책이 나오면 어떨까?"

"좋지."

"엄마도 너무 신기하고 믿기지 않을 거 같아. 그런데 책이 나오려면 지금까지 쓴 원고를 고쳐서 써야 하거든. 너희들의 도움이 좀 필요한데… 도와줄 수 있을까?"

"어떻게 도와주는데?"

"(달력 날짜를 가리키며)이날까지 유치원에서 태권도로 바로 가

172

는 거야."

아이가 유치원 차로 2시 30분에 하원한다. 그때 길 건너 태권도 사범님이 나오시는데, 내 아이도 사범님과 태권도로 바로 가면 좋을 것 같았다.

"지금 당장 결정하지 말고 별이가 내일까지 생각해 보고 말해줘."

다음날 아침 아이는 나를 돕겠다고 했다. 태권도장에 말씀드리고 다음 주부터 2주간 아이를 데리러 나가지 않아도 되었다. 결정을 내려준 아이에게 고마웠다.

아이는 자신의 판단으로 결정했지만 막상 평소와 다르게 하려니 달라진 상황이 이상했나 보다. 그 후 며칠 동안 배가 아프다고 했다. 병원에 가도 별다른 증상이 없었지만, 엄마가 다른 일에 신경을 쓰고 있으니 마음의 불안이 복통으로 나타나는 것 같았다.

'내가 지금 하고 있는 일이 맞나? 아이가 배 아픈 건 나 좀 봐달라는 신호 아닐까? 원래대로 내가 아이 픽업을 해서 아이 마음이 힘들지 않게 할까?'

아이의 배 아픈 신호는 마음이 힘들고 아프다는 신호로 느껴졌다.

"엄마가 예전처럼 별이 데리러 나갈까?"

아이에게 물으면 '응'이라고 할 것 같았다.

"엄마 손은 약손, 별이 배는 똥배. 엄마 손은 글 쓰는 손, 별이 배는 꿈꾸는 배."

엄마도 지금 무언가를 하고 있고 꿈을 향해 나아가고 있다는 마음을 전해 주었다.

"별아, 태권도로 바로 간다고 결정했지만, 막상 해보니 조금 다르지? 배도 고프고, 기다리는 시간도 있고, 그렇지?"

"응."

"그런데 엄마는 엄마의 꿈을 향해 조금 힘들어도 나아가 보고 싶어. 약속을 지키기 위해서도 그렇지만 지금 무언가를 하고 있는 엄마가 참 좋거든."

아이는 태권도 도장에 가는 게 불편하다고 말하지 않았다. 엄마가 잠시 흔들렸을 뿐이다. 그 과정에서 아이도 커가고 엄마인 나도 커간다.

아이는 내가 생각하는 것보다 덜 힘들 수도 있다. 아이를 바라보는 엄마의 지나친 걱정은 방향성을 잃게 한다. 아이가 어느 정도 컸다면 아이의 어려움을 지켜볼 줄 아는 엄마의 내면이 필요하다.

일상에서 아이는 크고 작은 실수와 실패를 경험한다. 그 실수 속에서 아이가 겪을 마음의 상처까지 우려하는 것은 엄마다. 아이의 마음이 다칠까봐 전전긍긍하는 것은 어쩌면 아이가 선택하는 결정과 행동을 믿어주지 못하는 것이다.

아이를 믿는다면 아이의 선택을 격려하고 그 선택 속에서 실패하거나 성공하는 과정을 한 발짝 떨어져 바라봐줘야 한다. 아이는 이런 과정을 통해 자신을 믿는 힘을 길러간다.

아이가 상대의 입장을 이해할 수 있는 나이가 되면 엄마의 입장을 대화를 통해 말해 주어야 한다. 엄마와의 대화를 통해 아이는 상대방의 마음을 헤아리게 된다. 부모 자녀의 관계가 사회성의 기초가 되는 이유는 여기에 있다.

'엄마의 꿈을 위해 너의 도움이 필요해'라는 말이 당장 아이에게 힘이 들 수도 있다. 하지만 지나고 나면 아이의 성장을 돕기도 한다. 그리고 엄마의 '꿈'도 소중하다는 것을 자연스레 알게 될 것이다.

8

아이에게 배운다

****

저녁 식사 준비를 하기 싫은 날이다. 예전 같으면 하기 싫어도 좋은 엄마, 완벽한 엄마가 되려고 감정을 억누르며 식사를 준비했다. 마음이 담기지 않고 억지로 하는 것은 다 티가 나기 마련이다.

"엄마가 오늘 좀 피곤해서 저녁 준비하기 싫은데…"

"와! 생면 국수 시켜 먹어요."

"그럴까?"

식당에 음식을 주문하기 위해 전화를 걸었다. 2만 원 이상만 배달하고 배달료 천 원이 추가된다는 말에 알겠다고 하고 전화를 끊었다. 피곤해서 시켜먹기로 했지만 배달을 위해 원치 않는 음식을 2만 원 넘겨 시키는 게 싫었다.

"자장면은 어때?"

"오늘은 자장면 별론데…."

"그래? 그럼 엄마가 다녀올게."

그러자 아이의 뜻밖의 답이 돌아왔다.

"엄마, 들고 오는 거 무겁지 않아?"

"괜찮아. 엄마 얼른 다녀올게."

국수를 3인분 포장해서 집에 왔다. 아이들 챙겨주고 한 젓가락 들려고 하자, 국수를 좋아하는 큰아이는 벌써 다 먹었다.

"국수 더 줄까?"

내 그릇에 담긴 국수를 아이에게 덜어주려고 하자, 아이는 잠시 망설이더니 말했다.

"엄마도 먹어야 하잖아. 조금만 줘."

국수를 한 젓가락 뜨니 아이는 그거면 됐다면서 나도 먹으라고 한다. 예전 같으면 다 달라고 했을 텐데. 아이가 좋아하는 국수를 조금만 달라고 한 말에서 남다른 의미가 느껴졌다.

이제 우리 아들이 무척 자란 것 같다. 다른 때도 배려의 말을 했을 텐데 오늘 따라 마음에 닿는 이유가 분명히 있을 것이다.

미국의 자연주의 사상가 존 버로스는 새들이 찾아오지 않는다고 투덜대는 사람에게 말했다.

마음속에 새가 없으면 숲 속에서 새를 찾을 수 없어요.

이 글을 보고 잠시 생각에 잠겼다. 아이와의 관계에서 나는 무엇을 그리도 찾는 걸까? 그것은 엄마 본질의 사랑, 아이를 있는 그대로 존중하는 마음이었다. 하지만 그게 무엇인지 체감할 수 없었다.

아이를 키우는 엄마의 마음속에 사랑과 존중이 없으면 내 아이에게서 사랑과 존중을 찾을 수 없다.

나는 오늘 국수를 먹으며 아이에게서 사랑과 존중을 배웠다. 무뚝뚝한 엄마는 아이의 말에 크게 감동했다고 표현하지 못했다. 아이의 말 속에서 사랑을 깨달은 나는, 내 마음 안에도 엄마 본연의 사랑이 조금씩 깃들고 있음을 느낀다.

다음날 아침 신랑과 전날 국수 먹은 이야기를 하다 아이에게 말했다.

"어제 사실 엄마 너무 감동이었어. 무거울까봐 걱정해 주고, 좋아하는 국수 앞에서 조금만 달라고 한 거 말이야. 고맙다, 아들~."

제 5장

엄마,
도전하다

엄마가 되어서도 꿈을 이루며
살아가는 사람을 보니 나도 꿈을
품고 싶었다. '엄마'라는 꿈을 이룬
내가 다음 꿈을 품고 한 단계씩
나아간다. 꿈을 품는다는 것은,
엄마가 오늘도 공부하는 이유이자
엄마인 내가 살아가는 이유다.
내면의 소리에 귀를 기울이면
엄마사람으로 있는 그대로의
나를 받아들이고, 어제보다
나은 나를 위해 건강한 어른으로
성장하게 될 것이다.
관계 속에서 배우고 도전하는
엄마는 지금 근무 중이다.

도전은 거창한 게 아니다

*****

나에게 도전은 어울리지 않는 단어였다. 학창 시절 조용히 지내던 아이는 새로운 무언가를 시도하는 것이 늘 어려웠다. 익숙한 것이 좋았고 새로운 환경이나 낯선 것에 대한 적응은 무척이나 더뎠다.

집 근처에 큰 도서관이 생겼다. 어디를 가든 혼자 가는 것이 낯선 나, 낯선 곳에 가서도 여기저기 살피지 않고 볼일만 보고 온다. 새로 생긴 도서관을 처음 가던 날, 열람실과 화장실, 카페 딱 세 곳만 둘러보고 왔다. 도서관에 다녀온 날 지인에게 말했다.

"언니, 나 도서관 탐험 다녀왔어~."

성인이 되어 직장을 이직한 첫날 눈물을 흘리며 퇴근한 경험이 있다. 낯선 곳에 대한 두려움이 무척 큰 편이다.

결혼하고 낯선 지역에 살면서 신랑의 배려가 아니었다면, 고향에 대한 그리움이 무척 컸을 거다. 신랑 하나 믿고 사랑에 눈이 멀어 결혼이라는 울타리에 들어섰다. 어쩌면 결혼 후 낯선 곳에 살림을 차린 용기조차 도전이었을지 모른다.

아이들을 키우며 다시 일을 시작할까 여러 번 고민했다. 잘되지 않았다. 다시 가정을 택한 건 일에 대한 간절함도 부족했지만, 마음 한 곳에 두려움이 자리하고 있었기 때문이다. 3년 동안 반강제 퇴출(?)을 당했다가 다시 사회로 돌아가려니 두려웠다. 두려움은 커가고 자신감은 작아졌다.

결혼 전의 무대였던 지역에 컴백하니 지인들의 일하라는 권유가 시작되었다. 2학기에 이사를 온지라 유치원에 자리가 없어 작은아이는 6개월 동안 내가 데리고 있었다. 엄밀히 말하면 보낼 기관은 있었으나 마음에 드는 곳이 없었다.

다섯 살 아이와 집에서 함께 지내는 것은 나에게 또 다른 도전이나 다름없었다. 다시 일을 해보라는 권유, 좋은 자리가 있으니 일할 생각이 없느냐는 물음은 나를 흔들리게 했다.

다음 해 큰아이는 초등학교 1학년이 되었다. 학기 초라서 학교에 데려다주고 귀가 시간에 맞춰 데리고 오기 바빴다. 1학년 엄마들과 교류도 해야 하고 아이의 학교 적응도 돌봐주어야 했다. 아이들 일로 일할 엄두를 내지 못했다.

"학교에 가서 흡연 예방 교육하는 거, 해볼 마음 있니? 아이들

학교 보내고 하는 일이라 괜찮을 거 같아. 이번 주까지 결정해서 말해 줘!"

흡연? 나에게는 너무도 낯선 단어였다. 초등학교는 수업해 볼 수 있겠지만, 중고등학교에 가서 수업하기는 용기가 나지 않았다. 유치원만 경험해 본 내게 중고등학생을 가르친다는 건 두려움이 앞서는 일이었다.

마음의 한계를 두고 있었다. 해보지 않은 일은 자신이 없었다. 두려웠다. 지금의 삶에 안주하고 싶었다. 굳이 한다면 내가 잘할 수 있는 일을 하고 싶었다. 일을 하며 나의 존재와 능력을 인정 받고 싶었다.

일하기로 마음먹고 매번 포기하는 나를 보여주는 게 싫어서 신랑에게 상의조차 하지 않았다. 결심이 서면 말하기로 했다.

어떤 일을 선택하는데도 나는 스스로에게 묻기보다 타인에게 물었다. 자신의 결정을 믿지 못했고 누군가의 동의가 있어야 안정감을 느꼈다. 하지만 이번 일만큼은 내가 선택하고 싶었다. 글로 적어보았다.

'할까? 말까?'

주말마다 진행되는 교육시간 동안 아이들이 문제였다. 다행히도 도와줄 신랑이 있다. 교육비는? 사전 교육을 받아야 하니 교육비가 들었다. 신랑의 동의가 필요했다.

내가 진정으로 하고 싶던 일인가? 아니다. 하지만 전직과 비교했을 때 '교육'이라는 공통분모가 있었다. 우리 아이들이 커가는 교육현장에서 청소년들을 미리 만날 수 있는 기회이기도 했다.

할까 말까를 망설이던 중에 소개를 시켜준 지인에게 전화를 걸어 고민이라고 말했다.

"나 사람들 앞에서 말하는 거 엄청 떨리는데…. 그리고 흡연예방 교육은 담배를 피워본 사람이 해야 하는 거 아니야? 주말 교육이라 아이들 매주 맡기기도 힘들고. 자신도 없고."

안되는 이유만 찾고 있었다. 지인은 내게 이렇게 조언해 주었다.

"자신감을 키우고 싶으면 밖으로 나와. 집안에서 자신감은 키워지지 않거든! 너도 이제 나올 때가 됐어. 밖에 나와 사람들도 만나고 사회적 관계도 가져야 너도 성장하는 거야!"

모두 맞는 말이었다. 다시 한 번 잘 생각해 보라며 전화를 끊었다.

며칠간의 고민이 계속되던 어느 날, 김창옥 교수의 책 〈당신은 아무 일 없던 사람보다 강합니다〉를 보게 되었다.

일어서서 나오십시오! 일어서는 데 큰 힘 드는 거 아닙니다. 힘 좀 쓰십시오! 자기 자신을 위해 돈도 좀 쓰십시오.

수입이 없는 주부이자 엄마가 자신을 위해 돈을 쓰는 게 맞는지 여전히 의문이었다. 돈을 쓰지 않고도 할 수 있는 자격과 일자리가 있는데, 사실 돈 쓰기도 아까웠다.

웅덩이에 빠져 위로 받기만 원하는 건 아닌지 싶었다. 웅덩이 속에서 살고 싶은 것인지, 그 속에서 나오고 싶은 것인지, 나오고 싶으면 어떻게 해야 할 것인지 생각하였다.

마음 한곳에 일에 대한 열정은 여전했다. 육아에 이끌려가기보다 삶의 에너지와 활기가 필요했다. 세상 밖으로 나오고 싶었다. 아이들 패딩 점퍼 사고 전집 사는 돈은 아깝지 않은데, 나에게 돈 좀 쓰는 것은 왜 이리 힘든 것인지 자격지심도 들었다.

그날 바로 전화를 걸어 일을 하겠다고 말했다. 나에게 이런 기회를 주어서 고맙다고, 잘해 보고 싶다고 했다.

신랑에게도 말했다.

"나 할 거야. 도와줘~"

'나 한번 해볼까?'가 아니었다. 신랑은 기꺼이 도와준다고 말해주었다.

몇 주에 걸쳐 주말마다 이론 교육을 받았다. 그 다음에는 실습 교육이 이어졌다. 24시간 실습을 채우기 위해 아이들을 등교, 등원시키고 부지런히 쫓아다녔다. 실습의 대부분은 참관이나 보조였다.

나의 첫 수업은 초등학교 4학년이 대상이었다. 컴퓨터가 잘 작동되지 않아 순조로운 출발은 아니었지만, 40분 수업을 잘 마무리하였다. 아이들의 생생한 눈빛과 생동감을 느낄 수 있어 기뻤다. 그날 지인에게 전화를 걸어 첫 수업을 마쳤다고 감사의 인사를 전했다.

다음 차례는 중학교 수업이었다. 먼저 현장에 나가는 선생님들 앞에서 여러 차례 모의 수업을 한 다음 중학교에 가서 수업을 진행하였다. 이어서 고등학교 수업도 모두 마쳤다. 나의 새로운 도전은 '청소년 유해물 예방 지도자'라는 수료증으로 돌아왔다.

큰 도전이라고 여겼는데, 용기를 내면 되는 일이었다. 늘 문제와 고민은 내 안에서 키운다. 도전이란 단어가 좀 낯설어도 부딪쳐 보는 거다. 삶에서 의미 없는 경험은 없다는 깨달음을 얻었다.

두 번째 나의 도전은 글쓰기다. 아니 책 쓰기다.

책 쓰기를 도전하며 가장 많이 흔들렸던 시기가 있다. 초고를 완성한 뒤다. 원고를 다시 읽어보니 정말 어이가 없었다. 글을 통해 부족한 나를 만나는 게 싫었다. 짧디 짧은 문장력과 쓸데없는 진지함, 반복되는 반성과 다짐을 보고 있노라면 쥐구멍이라도 숨고 싶을 정도였다.

'왜 사서 고생이지?'

나는 유명 작가가 아니다. 책 쓰기에 처음 도전하는 대한민국 아니 우주에 하나뿐인 나일 뿐이다.

부족한 나를 받아들이니 글을 쓰는 게 훨씬 수월해졌다. 남의 평가에 대한 두려움이 사라졌다. 괜찮다. 그게 나니까. 도전이라는 건 처음부터 완벽하게 잘하는 게 아니니까.

사람들에게 책을 쓰고 있다고 말하면 첫 반응이 한결같다.

"대단하다!"

자꾸 대단하다는 소리를 들으니 정말 내가 대단한 무언가를 하고 있는 거 같다. 무슨 일을 시작하든 당장의 결과를 기대하기보다 과정을 즐기는 것이 성장이다. 성장하고 싶다면 도전하라.

나는 도전하는 엄마다.

2

나를 단단해지게 하는 글쓰기

＊＊＊＊＊

내 삶에서 가장 잘한 것이 있다면 첫째는 내 아이들의 엄마가 된 일이고, 둘째는 글쓰기를 만난 것이다.

2017. 2. 17 금

글쓰기는 내 마음 정리에 도움이 될까?

요즘 아무것도 하기 싫다. 아이들에게 웃어줄 수 없다. 무표정한 엄마. 며칠째…

아이들 노는 소리마저 듣기 싫어 방으로 가면 따라오고, 항상 엄마가 눈앞에 있기를 바라는 아이들이 부담스럽다. 무표정한 얼굴을 하고 있으니, 보석이가 자기 얼굴을 불쑥 내밀며 앞니 빠진 미소를 보인다. 무뚝뚝한 엄마는 "왜?" 하고 말았다. 마음이 불편하니 자꾸 아이들에게 화를 낸다. 마음을 정리하고 싶은데 어떻게 해야 할지 막막하다. 내일은 서방도 없고, 아이들과 온종일을 보내야 하는 일이 부담으로 다가온다. 익숙한 집을 떠나 기분전환이 되는 어디라도 다녀오고 싶지만 지금 상황에선 아무것도 할 수 없다. 이 우울감에 마침표를 찍고 싶다. 부족한 엄마라 자책하는 것도 지겁고, 좋은 부모가 되기 위한 책 보기도 부모 교육에 다니기도 진절머리난다.

한번 적어보았다. 그랬더니 생각보다 더 많은 이야기를 종이에 쏟아놓고 있었다. 한 번에 해소되지는 않지만 조금 가벼워진 느낌은 분명했다. 그리고 화가 난 날은 글씨도 화난 글씨였다.

몇 번을 거듭하다 보니 단순히 '화가 났다, 우울하다, 짜증이 난다, 지겁다'가 아니라 상황을 구체적으로 적게 되었다.

기분이 좋지 않을 때, 감정이 복잡하고 힘들 때 글을 쓰기 시작했다. 글을 쓰고 얼마쯤 지나 다시 만나본 글에는 왜 화가 났는지 그때의 상황과 감정이 고스란히 담겨 있었다. 내 마음이 왜 그런지, 왜 그런 말을 했는지 모를 때 써두었던 글이 도움이 되었다.

반면에 주로 부정적인 상황과 감정을 적는 게 단점이었다. 그러다 보니 부정적인 생각이 강화되는 느낌이 들었다. 사람들은 언제 글을 쓰는지 궁금했다. 책을 즐겨 읽는 주변 사람들은 '감사일기'를 쓴다는 공통점을 발견하였다.

지인이 사소한 일을 블로그에 '감사합니다'라고 쓰면 가식적이고 낯간지러운 느낌이 들었다.

'왜 살아 있는 게 감사해? 너무 당연한 거 아니야? 왜 내 아이라 감사해? 낳아준 내가 감사한 거지?'

나는 감사 일기의 힘을 느끼지 못하였다.

〈지선아 사랑해〉에서 이지선 작가는 감사를 이렇게 표현한다.

앞으로도 뒤로도 갈 수 없는 그 상황에서 우리가 사람 사는 것처럼 살 수 있는 길은 '감사 찾기'였습니다. 눈에 보이는 거라곤 원망하고 불평할 것밖에 없어 보였는데, 신기하게도 감사할 것을 찾으니 있었습니다. 처음으로 제 발로 걸어서 화장실 갔던 날, 이제 걸어서 화장실에 갈 수 있게 된 것에 감사했습니다.

처음 왼손으로 숟가락을 잡고 제 입에 밥을 넣을 수 있었던 날은 그것에 감사했습니다. 손에 피가 나도록 안간힘을 써도 열지 못했는데, 처음 문고리 잡고 문 열었던 날엔 또 이제 문 열 수 있게 된 것에 감사했습니다. (중략)

처음엔 입술로 시작한 감사가 내 귀를 통해 다시 나의 마음으로 들어와 그 감사는 점점 진심어린 고백이 되었고, 오늘의 감사거리를 찾게 하신 분께서 분명히 내일도 또 다른 감사할 거리를 주시리라는 믿음이 생기기 시작했습니다. 감사는 그동안 진통제가 결코 줄 수 없었던 마음의 평화를 가져다주었습니다. 감사는 미미하지만 어제보다 좋아진 오늘을 발견할 눈을 뜨게 해주었고, 또 오늘보다 좋아질 내일을 소망할 힘을 주었습니다.

평범한 일상이 누군가에게는 큰 희망과 감사가 될 수 있다는 것을 보았다. 자신이 누리는 모든 것을 당연하게 여기면, 내가 누리는 것들을 모두 잃고 나서야 감사를 느끼게 된다.

작가의 경험이 마음 아프지만 사람들을 향해 외치고 있다. 감사하는 삶을 살자고.

2017. 12. 5

어제의 감사함을 적어본다.

글 쓰는 나를 보고 자기도 책 만든다며 늦은 시간까지 글밥 책을 만든 보석이의 집중하는 모습이 뿌듯했다. 건강하게 태어남에 감사함을 느낀 적이 없었다. 아이들은 대부분 건강하게 태어나기에 감사하지 않았다.

우리 보석이가 건강하게 태어나주어 감사합니다.

우리 보석이가 손가락 5개가 모두 있어 글도 쓰고 일상생활을 할 수 있어 감사합니다.

어제 별이의 사랑스런 얼굴 꾸미기를 블로그에 올렸습니다.

덕분에 피드백도 받고 육아를 잘하고 있다는 자신감도 생겼습니다.

엄마와 결혼한다고 고백한 귀여운 별이에게 감사합니다.

어제 회식 후 일찍 귀가하여 아이들과 이야기 나누고 웃음소리가 나게 해준 서방에게 감사합니다.

어제 특별한 반찬도 아니었는데 맛있게 비빔밥을 먹어준 아이들에게 정말로 감사합니다.

오늘도 감사함을 느끼고 표현하겠습니다.

참! 옷 가게에 들렀다가 경량 조끼를 보고 딸 생각이 나서 사줄까 하고 물어봐 주신 엄마에게 감사합니다. ^^

그리고 국물 멸치 있느냐며 아버님 편에 보낸다는 어머님의 전화도 감사했습니다.

이렇게 감사함이 있어 나는 오늘도 행복한 하루를 시작합니다.

감사를 글로 적어보니 보이지 않는 힘을 가지고 있었다. 그 힘은 이지선 작가의 말처럼 평소 말로 하기 힘든 감사를 글로 적고, 눈으로 보고, 마음으로 새기는 기회였다. 이런 감사가 매일매일 이어진다고 생각하니 일상이 감사이고, 감사는 습관이라는 것을 느끼게 되었다.

그리고 감정이 올라오던 날, 상황 적기에만 급급했던 나는 이제 그 안에서 감사를 찾을 수 있는 여유가 생기게 되었다.

눈이 내리던 겨울 저녁, 약속이 있어 나가게 되었다. 눈이 오지만 약속을 했으니 어기고 싶지 않아 집을 나섰다. 비 같은 눈이 내리는 것도 모르고 나오게 되어 비눈을 맞으며 버스를 기다렸다. 기다리는 버스는 오지 않았다. 결국 늦는다는 메시지를 남긴 채 약속장소로 향하고 있었다.

퇴근길이라 길도 막혀 한 시간이 다 되어서야 약속 장소에 도착할 즈음에 전화를 받았다. 오늘 날씨가 좋지 않고 참석인원이 적어 모임을 취소한다는 전화였다. 당황스러운 감정이 점점 화로 자라나고 배려가 없는 태도인 거 같아 다시는 모임에 나오지 않으려 마음먹었다.

잠시 후 집으로 돌아오는 버스 안에서 블로그를 적어 내려갔다. 길을 나서는 순간부터 시작해 화난 감정까지 고스란히 쓰고 나니 갑자기 그래도 감사한 점을 찾고 싶었다. 나를 시험해 보고 싶었을지도 모른다.

그리고 억지로라도 감사한 점을 적어보기 시작했다. 화가 났지만, 약속이 펑크가 난 헛걸음이지만, 나의 이기적인 마음을 보여 부끄러워졌다. 그래도 감사한 점이 있으니 화가 내려가는 것을 경험했다.

집으로 돌아와 아이들에게 감정을 돌리지 않을 수 있었다. 나는 아이들이 귀찮게 하거나 힘들게 하면, 감정의 찌꺼기를 보태 아이들에게 돌려주는 습관이 있었다. 나의 작은 변화가 감사하게 느껴졌다.

엄마의 감정이 격해지는 날 그 순간에 전화기를 들기보다 펜을 들기를 권해 본다. 노트북의 하얀 창과 백지는 생각보다 마음을 편안하게 만들어주는 매력이 있다.

나의 이야기를 고백하듯이 손이 가는 대로 적어가는 것이 글쓰기의 시작이다.

3

엄마가 공부하는 이유

＊＊＊＊＊

학창 시절 난 공부와 거리가 먼 사람이었다. 나에게 공부는 시험을 위해 어쩔 수 없이 해야 할 일이었다.

자발적 공부보다 의무감으로 하는 공부. 그래서 공부에 재미를 느끼지 못했다. 돌이켜보니 성적이 좋았다면 성취감이나 만족감으로 공부에 대한 관점이 달라졌을 수도 있겠다.

공부에서 벗어나기 위해 빨리 어른이 되고 싶었다. 초-중-고를 거쳐 겨우 대학에 진학하였으나, 대학에서조차 과제와 시험공부의 연속일 뿐이었다. 취직을 하고 이제 공부 끝! 해방!을 외쳤다.

당시는 인생 자체가 공부의 연속이라는 걸 미처 알지 못했다. 어린 시절 듣던 어른들의 '공부도 한때다'라는 말은 틀렸다.

자격시험만 없을 뿐이지 엄마가 된 후 아이를 키우는 일상 자체가 나에게는 공부처럼 느껴졌다. 아기가 아플 때는 삐뽀삐뽀

119를 다급히 펼쳐 원인을 찾아야 했고 아이 잘 키우기 위해 육아서를 펼쳐 책 공부가 시작되었다.

하지만 한동안 아이로 인해 평가받는 듯한 기분에서 벗어나지 못했다. 자책감과 낮아지는 자존감은 어디에서 시작되는가? 그것은 나였다. 스스로를 늘 부족하게 여기는 악순환의 반복을 그만둘 사람은 누구인가? 그 역시 나였다.

내가 누구인지, 무엇을 좋아하는지, 무엇을 하고 싶은지 알아보고 싶었다. 이름 대신 나는 ○○○라고 정의할 무언가를 찾고 싶었다.

작은아이가 4살이 되면서 어린이집을 보냈다. 두 아이 모두 기관에 보내기 시작하니 다소의 자유가 생겼다. 아이들이 오기 전 2시까지는 자유시간이었다. 아이들이 없는 오전 시간에 나는 배움을 택했다.

온전한 내 시간을 육아를 위한 시간으로만 보내고 싶지 않았다. 대전시민대학에서 열리는 성인을 위한 배움 강좌의 문을 두드렸다. 세상에 배울 것이 이렇게 많았는지 놀랐다. 그야말로 신세계였다.

광역시라 다르다며 컴퓨터 모니터에서 눈을 떼지 못하였다. 인문학, 건강, 운동, 컴퓨터, 요리, 미술, 외국어, 음악, 직업교육, 심리까지 없는 거 빼고 다 있었다. 그래서 평생학습, 평생교육이라

하는구나 싶었다.

고민이 되었다. 아이들에게서 해방된 첫 시간을 어떤 과목으로 할지 고르고 또 골랐다. 집에서 가까운 거리가 아니라 자주 갈 수 없으니 우선 한 과목만 선택하였다.

'나를 찾는 시간 – 어른들을 위한 그림책 읽기 수업을 신청하였다.

육아하며 잊었던 나를 찾고 싶었다. 내심 독서모임을 하고 싶었지만, 책을 좋아하지 않던 내게 벅찰 것 같았다.

그림책은 쉽게 이해할 수 있고 부담감이 덜할 것 같았다. 좋은 그림책을 우리 아이들과 함께 읽고 싶었다. 무엇보다 그림책을 통해 나를 찾는다는 점이 생소하고 궁금했다.

첫 수업을 기다리며 강의실에 들어가 앉아 있었다. 수업에 들어오는 사람들을 경계라도 하듯 쳐다보며 어색하게 눈인사를 하였다. 연령대는 아주 다양했다. 공통점은 모두 여자 분들이라는 점이었다.

강사님은 편안한 분위기를 유도해 주셨다. 우리는 자기소개를 통해 서로를 익히는 시간을 가졌다. 그림책 작가가 꿈인 분, 아이들과 하는 그림책 수업에 관심이 있는 분, 그림책이 마냥 좋아 오신 분 등 자신만의 색깔이 뚜렷했다.

나는 제목 그대로 나를 찾고 싶었다. 부담이 없을 것 같아 선택하였지만, 수업을 들을수록 그림책의 매력에 빠져들게 되었다.

그림책의 그림 속에 수많은 의미가 담겨 있다는 걸 깨달았다. 아이들에게 글을 읽어주기만 하던 내 모습을 반성하였다. 그림책에 왜 그림이 있는지도 생각해 보고, 그림의 의미도 내 나름대로 해석해 보게 되었다.

채인선 작가가 쓰고, 안은진 작가가 그림을 그린 〈나는 나의 주인〉이라는 그림책은 나를 돌아보게 해주었다.

주인은 책임을 지는 사람이고
주인은 소중하게 보살펴 주는 사람입니다.
주인은 공중을 날아다니는 새나
숲에 있는 나무들처럼
자기 스스로를 키우는 사람입니다.

나는 한 번도 내 마음을 책임지려 한 적이 없었다. 마음이 나를 지배하는 생활을 하고 있었다. 마음을 컨트롤하는 사람은 다름 아닌 바로 나라는 깨달음을 얻을 수 있었다.

수업을 이끌어주신 선생님은 유치원 교사 출신이었다. 유치원 교사였음을 자랑스레 말씀하시는 걸 보고 나 역시 당당해졌다.

지금은 독서심리수업을 하고 있는데, 최종 꿈은 그림책 도서관을 짓는 것이라고 하였다. 멋졌다. 꿈이 있다는 것이 멋있고, 그것을 사람들 앞에서 말하는 모습조차 멋져 보였다.

선생님은 늘 수강생들보다 일찍 오셔서 빵을 구워 주시고 다과를 준비해 주셨다. 과정이 끝나고도 본인의 센터를 일주일에 한 번씩 개방할 테니, 나누고 싶은 그림책을 가지고 오라 하셨다. 집 밖으로 나가 꿈을 꾸는 사람들을 만나니 나도 꿈꾸는 삶을 살고 싶었다.

그러기 위해서는 배워야 했다. 이런 배움이 공부였다. 인생이 평생 공부였다. 내 아이 잘 키우기 위해 또는 스스로의 성장을 위해 책을 보는 것, 동영상 강의를 보는 것, 좋은 강연 듣는 것… 사회에서 무언가를 배우는 것 자체가 모두 공부였다.

두 번째 배움은 독서였다.

"책에 나오는 이론적인 말들, 교과서 같은 말들, 약 장수 같은 과학적 증명들, 그거 믿니?"

충격이었다. 내가 책에서 본 이야기를 지인에게 이야기했을 때 돌아온 반응이었다. 게다가 그 지인은 어린 시절부터 독서광이었는데… 전화를 끊고 한참을 멍하니 있었다.

'내가 가는 길이 잘못된 건가. 시간만 낭비하는 건가. 책을 읽

고 변화하는 사람은 따로 있는 건가. 나는 아닌 건가.'

아직도 남의 말에 흔들리는 나를 다잡았다. 아니다, 나는 나의 길을 잘 가고 있는 거라고.

지금 내게 독서는 단순히 책을 읽는 것을 넘어 읽고 쓰고 실행하는 공부다. 재미있기도 하다. 나를 실행하는 삶으로 변화시킨 책은 이민규 작가의 〈실행이 답이다〉였다.

나의 실행력을 돕고 싶은 신랑이 3년 전 생일에 선물해 준 책이다. 앞부분만 조금 읽다 덮어버린 기억이 있다. 다시 책장을 넘겨보며 숨어 있던 의미 있는 글을 찾게 되었다.

자신에 대한 규정이 행동을 결정하고 나아가 운명까지 결정하는 것을 '자기규정효과(self-definition effect)'라고 한다. '나는 이런 사람이다'라고 규정하게 되면 정말 그런 사람처럼 행동한다.

나는 자존감이 낮다고 여겼었다. 이제 나 자신을 사랑하는 자존감 높은 사람이라고 규정한다. 자신을 사랑하는 일은 먼저 사랑한다고 말하는 것부터가 시작이었다. 생각과 말의 힘이다.

지금과는 다른 모습으로 살고 싶다면 그냥 자신을 원하는 모습으로 규정하면 된다.

자기계발서지만 육아에 도움이 되었다. 아이를 규정짓지 말 것!

예를 들면 아이가 엘리베이터를 탔는데 어른에게 인사를 하지 않았다. 그때 당황스러운 엄마는 "우리 애가 수줍음을 타서요" 하고 말한다. 이렇게 아이를 규정지어 말하면 아이는 수줍어하고 부끄러움을 타는 아이로 자랄 가능성이 높다. 엄마는 아이가 어른에게 인사를 하지 않는 행동이 당황스럽거나 민망해 그렇게 말했을 거다. 정작 아이는 아무렇지 않았는데.

그 말은 결국 아이에게 돌아온다. '내가 인사하지 않는 것은 부끄러워서야'라고.

세 번째 배움은 글쓰기다.

사적으로 가까운 언니이자 유아교육 멘토, 내가 아는 사람 가운데 배움과 삶에 대한 열정이 가득한 분이 있다.

어느 날 글쓰기 수업을 들으러 주말에 서울에 간다고 하더니 몇 개월 후 기적처럼 〈습관육아〉라는 책을 출간하였다. 지금 네 번째 책을 집필 중인 소장님의 삶을 가까이에서 지켜보며 나도 성장하는 삶을 살고 싶었다. 글쓰기를 제안해 준 소장님께 무한히 감사하다. '말하는 대로'처럼 '손이 가는 대로' 쓰는 삶을 살고 있다.

좀 더 겸손하고 싶은가? 매일 써라.

어떤 일이든 잘 기억하고 싶은가? 매일 써라.

다른 사람의 시선에서 자유로워지고 싶은가? 매일 써라.

나를 있는 그대로 사랑하고 싶은가? 매일 써라.

삶이 한결 가벼워지고 싶은가? 매일 써라.

글쓰기 선생님, 이은대 대표님의 가르침이다.

네 번째 배움은 진로 코칭이다.

이 역시 나를 위한 배움으로 시작했다. 육아는 나를 찾아가는 여행이라고 한다. 하지만 잘 찾아지지 않는다. 아이보다 내 진로를 먼저 찾고 싶었다.

나를 알기 위해, 나의 새로운 진로를 찾기 위해 성인이 되어 처음으로 그림책 수업을 들었다.

6개월간의 심리인성 진로 코칭을 마치고 자격증을 받았다.

"엄마 오늘 상장 받았다~."

얼굴 사진이 들어간 자격증을 펼쳐 보이며 자랑하듯 말했다. 엄마 배움의 과정과 결과를 함께 나눌 수 있는 아이들이 있어 더욱 든든하다. 배운 내용을 지역 아동센터에 나가 재능기부할 때 우리 아이들이 학습자가 되어 주기도 한다.

많은 엄마들이 육아를 하며 나를 잃어버렸다고 말한다. 나 역시 처음에는 그렇게 느꼈다. 지금은 생각이 달라졌다. 육아는 나를 잃어버린 게 아니라 나를 찾는 과정이었다.

아이를 키우며 느낌표보다는 물음표를 갖게 되었다. 하지만 물음표에서 느낌표로 바뀔 수 있도록 알아가는 과정이 중요하다. 아이들이 조금 자라니 쉼표라는 여유도 안겨준다. 아이를 키우는 과정 속에 함께 성장하는 내가 있다.

해마다 나이만 먹는 게 아니라 엄마의 내면도 같이 자란다. 사람마다 자신의 내면을 키워가는 과정이 다르다. 나는 이제야 내가 하고 싶은 공부를 주체적으로 선택하며 즐기고 있다.

이제 좋은 일자리 제안이 들어와도 흔들리지 않는다. 사회복귀 시점을 정해 두었기 때문이다. 그때 내가 원하는 길로 멋지게 비상하기 위해 오늘도 공부한다.

행여 육아 외에는 아무것도 하고 있지 않다고 자책할 일이 아니다. 세상 엄마들이 육아라는 학문을 공부 중이기 때문이다. 처음 가는 길이라 어설프고 실수할 수 있다. 육아는 내 아이를 사람다운 사람으로 기르고 엄마 자신의 나다움을 찾아가는 과정이다.

이 세상의 모든 엄마들이 경이로운 육아의 세계를 짊어지고 있다. 얼마나 위대하고 멋진 일인가. 육아라는 학문!

4

자신만의 속도로 성장 중이다

* * * * *

동네에 사는 고교 동창 두 명과 집 앞에서 술을 한잔 하게 되었다. 고만고만한 아이들을 키우는 엄마가 되고 나니 아이들 이야기에 시간 가는 줄 몰랐다.

친구 중 한 명은 워킹 맘이다. 다른 한 명은 육아 휴직 중이다. 두 친구는 같은 분야의 일을 한다. 둘이 '일' 이야기를 할 때는 듣기만 했다.

"아, 그랬구나. 힘들겠다. 그럴 수밖에 없겠다. 일하면서 아이 키우는 거 참 대단하다고 생각해."

어설프게 맞장구를 쳐주었다.

"우리 아이가 유치원 종일반 끝나고 피아노로 바로 가는데 요즘 힘들어해."

육아 휴직 중인 친구가 말한다.

"그럼 네가 집에 있는 동안만이라도 종일반을 끊고, 집에서 좀 쉬다가 피아노로 가면 어때?"

"그럼 애 간식은 어떡해?"

"네가 해주면 되지. 나도 집에 있지만 좋은 거 못 해줘. 더운 날
은 아이스크림 같이 사 먹고 그래."

"나 해주기 싫은데…."

친구의 한마디는 침을 꿀떡 삼킬 때 목에 걸린 생선 가시였다.

친구의 말 속에 종일반을 하면 아이의 간식이 해결된다는 의
미로 들려 좀 서운했다. 그 시간에 아이와 아이스크림이라도 함
께 먹으며 아이의 마음을 돌봐주면 좋을 텐데 하는 아쉬움에서
였다.

"나도 힘들어. 나도 쉬고 싶거든."

다른 친구의 맞장구에 아차 싶었다. 매일 아침 유치원 문 열기
를 기다리며 출근 시간에 늦을까, 발 동동 구르는 엄마의 상황은
내가 겪어보지 못한 다른 차원의 세계였다.

가끔 학교에 수업하러 갈 때 아이를 일찍 보냈다. 몇 번의 경험
으로 워킹 맘의 마음을 알기에는 부족하다. 힘들 거라 짐작했지
만, 내 아이의 간식을 못 챙겨줄 만큼 힘든지는 몰랐다. 일하며
아이를 키우는 친구를 참마음으로 이해하지 못했다.

친구와 헤어지고 돌아서며 뒷모습을 보았다. 친구의 뒷모습에
서 왠지 모를 쓸쓸함이 전해졌다. 어설픈 위로와 충고를 건넨 것

같아 미안하고 부끄러웠다.

마음으로 응원했다.

'힘내. 우리 각자의 자리에서 파이팅하자.'

어쩌면 친구는 생각보다 아이를 잘 키우고 있는지도 모른다. 더불어 사회 경력을 쌓아가며 잘 성장하고 있을 것이다. 학창 시절 똑순이였으니 맡은 일을 얼마나 잘 해낼까.

친구와 나는 각자의 속도에 맞추어 살고 있다는 생각이 들었다. 일하는 엄마가 되든, 집에서 아이만 키우는 엄마가 되든, 선택은 자신의 몫이다. 경제적인 여유가 있든 없든, 자신에게 더 의미 있다고 느끼는 일에 가치를 두어 결정했다.

아이를 봐줄 사람이 없다는 이유로 선택의 여지없이 육아를 했다 치자. 많은 엄마들이 어쩔 수 없이 집으로 들어오게 되었다고 억울해 한다. 하지만 자신이 좋아하는 남자를 만나 결혼을 했고, 사랑하는 아이를 갖게 된 것이다.

아이를 향한 무언의 '너 때문에는'라는 마음을 갖는다면 그건 안타까운 일이다. 삶의 주인은 나다. 주체적인 삶은 남 탓, 상황 탓에서 벗어나 자신의 선택을 믿고 거기에 의미를 부여하는 일이다.

나는 엄마의 삶을 선택했다. 엄마가 로망이라 엄마만 되면 행복할 줄 알았다. 나는 여전히 내가 아이를 잘 키우고 있는지 불안하다. 잘 클까? 아이가 행복할까? 걱정도 많았다.

아이를 잘 키우겠다고 집에 있는데 이게 맞나 하는 생각도 불쑥불쑥 찾아온다. 남들은 일하면서 돈도 벌고 커리어도 쌓는데 내 인생은 뭘까? 내가 원하는 건 뭘까?

끊임없는 질문 속에 나의 대답은 하나다. 그것은 나를 믿는 일이다. 흔들리는 마음을 다잡는 일이다.

같은 엄마로서 시간을 잘 쓰고 있다는 칭찬의 말에 어깨가 으쓱했다. 그렇게 말해 준 분의 하루 시간도 헛되지 않을 거다. 우리는 각자 자신의 시간을 잘 살고 있다. 모든 사람이 같은 속도로 달려가지 않는다.

토끼와 거북이의 경주 이야기에서 사람들은 토끼의 자만심보다 거북이의 느리지만 꾸준한 도전을 배운다. 나의 관점은 다르다. 토끼의 속도로 달리다가 여기저기 풍경도 보고 피곤할 때 쉬었다 가면 어떤가. 자신만의 속도로 묵묵히 나아가는 거북이가 될지, 빠른 속도로 오르다 잠시 쉬었다 가는 토끼가 될지는 자신의 선택이다.

5

일찍 시작하는 하루

* * * * *

글을 쓰고 있는 새벽, 참 고요하다. 고요함 속에 자판을 두드리는 소리가 좋다. 불과 1년 전만 해도 사람들이 아침형 인간을 논할 때 나는 아침잠이 많은 사람이라며 손사래를 쳤다. 그랬던 내가 이 시간에 책상 앞에 앉아 있다는 것이 놀랍다.

눈을 뜨며 세상 사람들의 아침을 상상해 보았다. 새벽 일터로 나가기 위해 일어나는 사람, 배움을 위해 남들보다 일찍 하루를 여는 사람, 건강을 위해 운동을 하는 사람, 새벽 기도를 위해 대문을 나서는 사람… 각자 자신만의 목적이 있을 거다.

온 세상 사람들에게 평등하게 주어지는 게 시간이다. 후회 없이 오늘을 살기로 마음먹었다. 오늘을 사는 최선의 방법은 시간을 잘 쓰는 거다.

시간을 잘 쓰고 싶은데 글을 쓸 시간이 늘 부족했다. 처음에는 아이들이 자고 난 후의 고요한 밤 시간을 활용했다. 밤에는 나를 유혹하는 것들이 너무 많다. 맥주 한잔 하며 신랑과 이야기도 나누고 싶고, 영화도 보고 싶고, 갑자기 생각 난 친구와 메시지도 주고받고 싶어진다.

새벽부터 친구와 잡담을 나누거나, 영화를 보거나, 술 한잔 할 수는 없지 않은가. 과감히 상황을 바꾸어 버렸다.

나에게 의미 있고 가치 있는 일로 하루를 시작하는 아침이 근사했다. 내가 일찍 일어나자 우리 가정에도 변화가 찾아왔다. 아침에 아이들에게 소리를 지르며 깨우는 일이 사라졌다. 새벽 시간을 알차게 보냈다는 뿌듯함에 아이들을 다그치지 않게 되었다.

"아침이야~."

부드러운 손길로 아이들을 어루만지고 인형으로 깨우기도 하니, 아이들도 아침 기상부터 인상 찌푸릴 일이 없다. 새벽에 일어나면 배가 고프다. 배고픈 나를 위해 즐겁게 아침 식사를 준비하게 되었다. 더 이상 식구들을 위해 어쩔 수 없이 하는 게 아닌, 나와 가족을 위한 아침 식탁이 되었다.

'좋은 일은 함께 하자'는 마음으로 독서모임 선생님들과 단톡방을 만들었다. 새벽이 있는 삶을 지향하는 사람들끼리 일어나는 대로 메시지를 보내기로 했다. 하지만 며칠이 지나면서 곧 시들해졌다.

그때부터 휴대폰을 무음으로 해두고 내 의지를 믿기로 했다. '나 일어났어요' 하고 알리는 게 중요한 게 아니지 않는가. 달콤한 잠을 줄여 귀한 시간을 보내겠다며 아침에 일어나 딴짓하고 있는 나를 발견했다. 새벽에 일어나는 것은 분명한 목적이 있어야 한다.

그대는 인생을 사랑하는가? 그렇다면 시간을 낭비하지 마라.

왜냐하면 시간은 인생을 구성하는 재료이기 때문이다.

똑같이 출발했는데, 세월이 지난 뒤에 보면 어떤 이는 뛰어나고 어떤 이는 낙오되어 있다.

이 두 사람의 거리는 좀처럼 가까워질 수 없게 되어버렸다.

이것은 하루하루 주어진 자신의 시간을 잘 활용하였느냐 허송 하였느냐에 달려 있다.

내가 하루를 일찍 시작하는 이유는 벤자민 프랭클린의 글처럼 남보다 뛰어나거나 혹은 낙오될까봐 두려워서가 아니다. 지금까 지 많이 사랑해 주지 못한 나에게 미안했기 때문이다.

나를 사랑해 주지 못하니 시간을 우습게 봤다. 과거에 갇혀 오 늘을 살았다. 오늘의 시간을 소중히 여기지 못해 내일로 미루기 를 반복했다. 주인인 내가 돌봐주지 못한 시간을 되찾기 위해 오 늘 하루를 더욱 의미 있게 보내기로 했다.

내가 선택한 나를 돌보는 방법은 독서와 글쓰기였다. 새벽에 읽는 책은 되도록 긍정적인 내용의 책을 골랐다. 책 속에 숨어 있는 글들은 하루를 즐겁게 살아가는 힘을 주었다.

일상을 돌아보는 글쓰기를 통해 잘 모르겠던 '나와 타인의 마음'을 알게 되었다. 하루를 다짐하는 일종의 의식처럼 아침 글쓰기를 계속하고 있다.

누군가는 자기만족이라고 할 수도 있다. 자기만족이면 어떤가. 남이 만족하는 삶은 내 삶이 아니다.

6

독서모임은 성장의 씨앗

* * * * *

독서로 성장하고 싶은 엄마들 모이세요.

모집대상
— 아이를 잘 키우고 싶은 엄마
—가치 있는 하루를 살고 싶은 엄마

우리 지역에서 독서모임을 시작한다는 공지를 보았다. 독서가 중요하다는 것은 안다. 하지만 늘 실패로 돌아가곤 했다.

이번에야말로 책읽기에 성공하고 싶어 독서모임에 참여했다. 무엇보다 아이를 잘 키우고 싶었다. 아이에게 책 읽는 본보기가 되고 나에게도 의미 있는 일이라고 확신했다.

아육맘 독서모임이다. 아육은 '육아(育兒)는 아육(我育)', 즉 아이를 기르는 것은 나를 기르는 일이라는 뜻이다.

두근거리는 만남으로 첫 모임을 가졌다. 그리고 첫 번째 도서가 선정되었다. 책을 읽고 다른 사람들은 어떻게 느꼈는지 궁금했다. 같은 책을 읽었는데도 서로 다르게 받아들이고 생각도 제각각이었다. 자신의 의견을 말하는 게 이렇게도 힘들구나 하는 생각도 들었다.

우리는 각자 다른 존재다. 독서모임은 다름을 인정하는 기회가 되었다.

엄마성장 독서모임답게 자기계발서와 육아서 위주로 책을 보았다. 나만의 독서 노트를 만들어 좋은 부분을 필사하고 나중에 나의 생각까지 덧보탰다.

처음에는 모임에 나가 생각을 말하는 게 상당한 부담이었다. 책을 읽는 목적이 마치 '모임에서 말하기 위해'처럼 되니 책에 빠져들기가 어려웠다. 어느 날부터 용기 있게 나를 위한 독서를 결심했다. 그렇게 하니 전보다 책에 몰입할 수 있었다.

책을 읽다 보면 다양한 저자를 만나게 된다. 책을 통해 저자를 만난다는 것은 저자의 생각을 읽는 것이다. 처음에는 완독이 목표였지만 차츰 한 줄의 좋은 글귀에서도 깊은 영감을 느낄 수 있었다. 독서모임은 이처럼 나를 책과 가까이하는 삶으로 인도해 주었다.

독서모임의 구성원들은 모두 선생님이라는 호칭을 사용하였다. 서로를 선생님이라고 부르니 배울 점과 장점을 찾게 되었다. 모임에서 평소 못 듣던 칭찬도 듣게 되고, 각자가 들은 칭찬의 기운은 다시 누군가에게 전달되었다. 칭찬과 격려의 분위기로 인해 다음 독서모임이 기다려졌다. 존 고든의 〈에너지 버스〉처럼 긍정의 에너지는 서로에게 전달되어 시너지를 발휘한다.

방학이 되어도 엄마들의 독서는 계속되었다. 아이들을 데리고 도서관에서 만났다. 아이들은 아동열람실에서 책을 보거나 도서관을 돌아다니며 도서관 탐험을 하였다. 스터디 룸이나 토론방을 대여하고, 더러는 북카페, 키즈 카페 같은 데서도 장소를 가리지 않고 독서모임을 이어갔다.

책을 읽는 것은 저자를 글로 만나는 일이다. 독서모임이 발전하니 직접 작가를 초청하는 모임도 갖게 되었다. 첫 번째 선정도서 저자와의 만남을 인상 깊게 기억한다. 〈절망의 끝에서 웃으며 살아간다〉의 저자 강은영 작가다.

평범한 옆집 언니 같던 작가를 만나 이야기를 들으며 큰 용기를 얻었다. 다음날 새벽에 강은영 작가의 목소리가 들리는 것 같았다.

"나도 했잖아요. 당신도 할 수 있어요."

저자와의 만남이 너무 좋았다. 책을 쓴 작가와의 만남이 이어지면서 좋은 일을 이웃에 알려 함께 나누자는 의기투합이 이루어졌다. 그리하여 소소하나마 우리 독서모임이 주최하는 '북 콘서트'를 일 년에 두 차례 열게 되었다.

독서, 배움, 취미 등 무언가를 해보고 싶은데 실패를 반복한다면 환경을 바꾸어 볼 필요가 있다. 독서에 실패하며 자신의 나약한 의지를 탓하던 내가 독서모임에 들어와 주체적인 사람으로 성장해 가는 중이다.

아이에게 보여줄 본보기로 받아들였던 독서에서 의미 있는 글을 찾아내 삶에 적용할 수 있는 독서로 성장해 가는 스스로를 발견한다. 모임의 리더인 소장님과 함께하는 선생님들께 감사하다. 에너지가 충만한 만큼 우리는 멀리 갈 거라고 확신한다.

7

엄마 꿈은 뭐예요

* * * * *

저녁식사를 하던 중 큰 아이가 묻는다.

"아빠는 어렸을 때 꿈이 뭐였어?"

"아빠? 음… 아빠는 아빠였지."

"아니, 그거 말고 장래 희망이 뭐였냐고."

"아이들과 친하게 지내는 아빠였다니까."

나에게 돌아올 질문임을 예상하고 머리를 돌려 생각했다. 내 아이에게 꿈을 뭐라고 말해 주면 될까. 의사, 판사. 과학자 같은 큰 직업을 말해 줄까. 4차 산업혁명 시대에 꼭 필요한 직업은 뭘까. 또 멀리 나가며 진지해지는 엄마다.

"엄마는 꿈이 뭐였어?"

"선생님. 그런데 선생님이 되고 나자 다른 꿈이 생겼어."

"뭔데?"

"엄마."

216

"에이~ 그런 거 말고 장래 희망, 꿈 말이야."

"유치원 선생님이 되고 나니, 엄마가 되고 싶은 꿈이 생겼다니까."

있는 그대로 거짓 없이 말해 주었다. 아이는 무언가 거창한 직업의 답을 예상했나 보다.

"엄마도 직업이 될 수 있어. 직업을 선택할 때 어떤 사람은 얼마나 돈을 많이 버는가를 우선하기도 하지만, 그보다 더 우선인 것은 나에게 가치가 있느냐, 나에게 중요한 일인가를 생각하는 게 먼저거든."

그렇다. 엄마는 하나의 역할이자 호칭이지, 전업주부라고 바꾸어 불러도 아직 직업이라고 하기에는 사회적 합의가 충분한 게 아니다. 단지 나는 엄마라는 꿈을 이루어 살고 있다고 말해 주고 싶었다. 꿈은 꼭 크게 꾸어야 하는 게 아니라, 자신이 원하던 삶을 사는 게 꿈이라고 알려주고 싶었다.

남자가 자라면 아빠가 되고, 여자가 자라면 엄마가 된다고, 내가 어렸을 때처럼 아이도 느끼고 있다. 우리 부부는 엄마, 아빠가 되는 꿈을 이루고 살고 있다. 우리 부부는 우리가 어렸을 때 부모님께 받은 사랑보다 더 큰 사랑을 아이들에게 전해 주기 위해 노력 중이다.

결혼 전 교사가 되는 꿈을 이뤘고, 2급 정교사에서 1급 정교사로 성장했다. 유치원이라는 직장에서 나에게 성장이란 다음 단계로 진급하는 일이었다. 원감으로, 원장으로 올라가는 일만이 성장이며 성공이었다.

2008년 스승의 날에 직속 선배였던 원감님에게서 이지성 작가의 〈꿈꾸는 다락방〉을 선물 받았다. 책에 소개된 앤드류 카네기, 나폴레온 힐, 리처드 버크 같은 사람들의 사례는 마음에 와 닿지 않았다. 꿈은 그런 사람들이 꾸는 대단한 것이라 여기고 책을 덮은 기억이 난다.

어느 날 원감님 댁에 가게 되었다. 자기 미래에 대한 확신을 종이에 적어 붙여둔 것을 발견했다. A4용지에 손 글씨로 정성을 담아 쓴 것이었다. 구체적인 내용을 꼼꼼히 읽어볼 수는 없었지만 꿈에 대한 간절함이 전해졌다.

책에서 읽은 성공한 사람들의 사례는 '그건 그 사람이기에 가능하다'는 마음의 벽이 있었다. 그런데 꿈을 꾸고 그것을 하나씩 이뤄나가는 사람을 곁에서 지켜보자니 나도 더불어 용기가 생기기 시작했다. 십 년 전의 원감님은 현재 부모교육 전문가, 독서 라이프 코치, 작가로 활동하는 세움교육연구소 김지영 소장님이다.

자신의 꿈을 이뤄나가는 모습을 위인에게서 찾으려고 하면 머나먼 일이 된다. 콩나물시루에 물을 주면 물이 빠지지만 콩나물이 자란다. 그렇듯 긍정과 성장의 기운이 넘치는 사람과 만나게 된다면 서서히 성장의 주인으로 탈바꿈하게 된다.

누군가는 강의를 할 때 자신이 살아 있음을 느낀다고 한다. 누군가는 철인3종 경기에 도전하여 이뤄냈을 때 가슴이 터질 것 같은 감동이 밀려온다고 한다.

그럼 나는? 세상의 소리만 듣지 말고 내 가슴이 언제 뛰는지 느껴보고 싶었다. 느껴보려면 일상에 안주하지 않고 도전해야 한다. 취향도 설렘도 무언가를 시도했을 때 나온다. 집안에만 있지 말고 밖으로 나와 사람들을 만나고 무언가를 해야 자신이 무엇을 좋아하는지 발견할 수 있다.

아이가 꿈이 뭐냐고 다시 묻는다면 '글 쓰는 작가'라고 말해 줄 거다. 지나고 보니 꿈은 별게 아니었다. 꿈은 내가 지금 하고 있는 일을 잘하고 싶은 마음이자 이뤄내려는 소망이었다.

나는 엄마 작가가 되는 게 꿈이다. 엄마의 꿈은 여자의 꿈보다 훨씬 단단하다.

어느 날 갑자기 꿈을 꿀 수는 있지만 이루어지지는 않기 때문에, 오늘도 나는 글을 쓴다.

육아를 해가는 동안 내가 누구인지 더 궁금해졌습니다. 나를 알아가고 싶어 잠시 심리학을 공부했습니다. 심리학자들의 이론을 통해 나를 알아가는 것은 쉽지 않았습니다.

수업을 마치고 한 가지 큰 깨달음을 얻었습니다. 내 마음을 그동안 몰랐던 게 아니었습니다. 내가 원하는 내가 아니기에 있는 그대로를 인정하지 않으려 했던 것입니다.

내 마음, 내 감정, 있는 그대로의 나를 받아들이기 싫어 모른다고 했던 것입니다. 새로운 환경에 적응하기까지 시간이 걸리는 나를 부정적으로 대하였기에 나를 사랑하는 데 걸림돌이 되었던 겁니다. 마음에 들지 않는 나는 내가 아니었습니다.

나를 사랑하지 못하는 여자가 엄마가 되었습니다. 아이를 잘 키우고 있는지 여전히 의문이 듭니다. 하지만 아이 덕분에 나를 찾는 여행을 시작했고, 글쓰기를 통해 있는 그대로의 나를 만났습니다. 내 안에서 채워지지 않은 무언가는 바로 '나를 사랑하는 마음'이었습니다.

'나를 사랑해야 남도 사랑할 수 있다'라는 말의 진리를 가슴으로 느껴봅니다. 스스로를 아끼고 사랑하면서 비로소 우리 아이도 사랑할 수 있었습니다.

수많은 육아서들이 아이를 믿어주라고 합니다. 아이를 믿기 전에 엄마 자신을 믿어야 합니다. 나를 바라보는 방식 그대로 아이를 바라보니까요.

인생을 살아가며 평생 변치 않는 든든한 친구가 있다면 누구일까요? 남이 아닌 바로 자신입니다.

내 아이에게 주고 싶은 것은 바로 '자신을 믿는 마음'입니다.

지금 네가 느끼는 감정은 옳은 거야.

네가 한 선택대로 한번 해봐.

실수해도 괜찮아.

너는 네 안에 보이지 않는 힘이 있어.

그 힘을 믿고 세상을 향해 나아가렴.

이런 너를 뒤에서 지켜봐 주는 엄마가 있다는 것을

늘 기억하고 살아가면 좋겠어.

이렇게 말해 줄 수 있는 용기가 생겼습니다.

글쓰기라는 오르막에서 지칠 때 뒤에서 밀어준 사람은 다름 아닌 아이들이었습니다.

"엄마 책은 언제 나와? 빨리 나왔으면 좋겠다."

첫 책의 첫 번째 독자인 우리 아이들을 위해 한 걸음씩 나아갔습니다.

글을 쓰고 고치며 '부족한 나'라는 한 사람이 보여 출간을 앞두고 어디론가 숨고 싶은 마음마저 들었습니다.

나는 아직 어른이 아닌 엄마사람입니다.

어른으로서 권위적으로 행동하기보다 엄마사람으로 먼저 생각하고 자라고 싶습니다.

엄마사람이 먼저 튼튼하게 자라나면 자연스레 건강한 어른으로 성장할 것입니다.

나에게 육아는 있는 그대로의 나를 마주하고, 낯선 초행길을 아이와 함께 손잡고 함께 걷는 여정입니다.

엄마의 자리를 선물로 주고 함께 손잡아 준 사랑하는 내 아이들에게 감사합니다.

송지현의 이름으로 살아가라고 힘이 되어 주는 영원한 내편에게 감사합니다.

아낌없이 주는 나무 같은 시부모님의 사랑에 감사드립니다.

가깝고 소중한 존재이기에 막무가내로 구는데도 착한 딸로 품어주신 나의 부모님께 감사드립니다.

육아의 시간을 엄마 성장의 씨앗이 되게 도와주신 김지영 소장님과 아육맘 독서모임 선생님들께 감사드립니다.

서툰 엄마 작가의 원고를 꼼꼼히 검토해 주시고 책으로 세상과 소통하게 도움을 주신 가갸날 출판사에 감사드립니다.

마지막으로 글쓰기라는 여정을 끝까지 해낸 나에게 수고했다고 전합니다.

엄마 10년차, 뒤엉켜 있는 실타래가 조금씩 풀리는 것 같습니다. 풀린 실로 앞으로 인생이라는 천에 무엇을 수놓을지, 무엇을 만들어갈지 기대됩니다.

엄마의 자리에서 이 세상의 엄마들이 자신이 보내는 시간에 참뜻을 두고 살아가면 좋겠습니다. 존재만으로 충분한 엄마의 삶을 응원합니다.